好きなことだけして一生お金に困らない

人生をストレスフリーに変える方法

米山彩香
Ayaka Yoneyama

SOGO HOREI PUBLISHING CO., LTD

はじめに
「いつもお金がない」5つの理由

今、あなたは日々の生活の中で、不満や不安を感じていることはありますか？

仕事が楽しくない。
朝のラッシュ時の満員電車に乗るのがつらい。
職場の人間関係にウンザリ。
長時間働いているのに、お給料が少ない。
ショッピングし過ぎて、次のお給料日まで生活がカツカツ。
お金も時間もないから、趣味の旅行に行けない。

誰でも一つくらいは、「こんなことやりたくない」「もっと自由にしたい」と思っていることがあるでしょう。私も「月給20万円、普通のアラサー会社員」だった頃、「お金がないから」「時間がないから」と、いつもガマンばかりしていました。

でも、今はこれらの「イヤだな」と感じること、すべてから解放されました。「あれもできない、これもできない」とモンモンと過ごす会社員を卒業し、「ストレスフリーで豊かなライフスタイル」を実現することができたのです。

今、私は1日にほんの2時間ほどしか働いていません。それでも、年に9ケタの収入を得ています。

こういうと、ちょっと信じられないと思う人もいるかもしれません。

しかし、ある出会いをきっかけに、私は理想の生活を手に入れることができたのです。

好きなことを仕事にしながら、平日に趣味のカフェ巡りを楽しみ、大切な友人と海外旅行に出かけたり、家族とゆっくり食事をしたり……。お金と時間の悩みから解放されて、ガマンしていたことが自由にできるようになり、毎日幸せを感じています。

仕事は、主にインターネットを使ったビジネスです。

また、起業や副業したい方向けに、私が夢や理想を叶えるために実践してきたノウハウをシェアする塾や講座の運営もしています。そして、ストレスフリーで「豊かなライフスタイル」をみんなとシェアしたい、みんなにも幸せな生活を送ってほしいと思い、この本を書いています。

これまで、私のSNSなどの発信を見て、「自由で豊かな生活がしたい」と、100人以上の方が私のところへ来てくれました。

こうした起業塾の生徒さんたちと接したり、私自身が会社員だった頃を振り返ってみたりすると、「いつもお金がない」理由は5つあると思います。

①無駄遣いが多い

「コンビニのおやつが1日の楽しみ」「テレビショッピングを見ると、つい注文してしまう」「お買い得品や店員さんにおすすめされる商品を買ってしまう」……。

みなさん、こんな心当たりはないでしょうか?

会社員だった頃の私も、こうした無意識かつ無駄な出費が多かったのです。

今思えば、お金の使い方を完全に間違えていました。貯金はほとんどなく、給料日前には手持ちのお金がすっかり少なくなって、どうやりくりしようかと頭を悩ませていました。それなのに、ボーナスが入ったら「どこへ旅行に行こうか」ということばかり考えていました。

これでは、「無駄遣いするために、どうやりくりしよう」と考えているのと同じことです。無駄遣いすることが前提になっていては、お金は減っても増えることはないでしょう。

②「お金がない」が口グセ

不思議なことに、具体的な言葉にしたことは現実になります。何度も「お金がない」と口にしていると、本当に「お金がない自分」になっていきます。

さらに、お金がない人も引き寄せます。私も会社員時代は「お金がない」とよく言っていました。思い出すと、当時の友人や同僚も同じように「お金がない」とよく愚痴をこぼしていたのです。

「お金がない」を口グセにしていると、出会いやチャンスも逃してしまいます。

たとえば、憧れの人たちと素敵なカフェでお話をする機会があったとします。そこへ知り合いを一人連れていくことになっていたとしても、いつも「お金がない」と言っている人は誘いづらいと感じてしまうのではないでしょうか。

こんなふうに、新しい道を開くチャンスを自分で狭めてしまうのです。

③お金を増やすための努力をしていない

お金を増やすと聞くと、すぐ「貯金しよう」と考える人がいます。でも、日々の無駄遣いをなくすだけでは、それほど多くは手元に残らないでしょう。それでやりたいことや理想の暮らしができるなら良いかもしれません。

ただ、今の生活を大きく変えるためには、定期的に入ってくるお金を増やさなければいけません。

それなのに、実際には多くの人が収入を増やすための選択肢を知ろうしたり、行動したりせず、「お金がない」と言いながら働き続けているのです。

④何だかんだ言っても、現状に満足している

もし、今本当にお金がなくて生活ができない状況なら、すでに転職活動をしたり、資格を取って昇給を狙ったり、副業や起業、アルバイトをしたり、何とかして収入を増やそうとしているでしょう。

お金がないと言いつつも、「多少の不満を我慢するのは当たり前」「何とか生活できているし」と思っていませんか?「お金がない」と言う前に、「なぜ自分にもっとお金が必要なのか」を考えてみてください。

そこで「良いことばかりじゃないけど、やっぱり今の生活が好き」と思うのなら、それでも良いのです。そう気づいたなら「お金がない」などと言わずに、「今のままでも十分幸せ」と周りの人に伝えてあげましょう。

ただ、「私の本当にやりたいことを実現するためには、やっぱりお金が必要」と思うなら、収入を増やすために動き出さなければいけません。

⑤行動しても変わらないと諦めている

収入を増やすための情報や方法はいくらでもあります。でも、結局「どうせ自分には無理だろう」「起業や副業なんて始めてもうまくいかない」と思って、行動しないままになってしまうことが多いのです。

また、そう思ってしまうのは「うまくいった」「やりとげた」という成功体験が少なくて、自信が持てないということもあるかもしれません。それなら、今から増やしていけば良いのです。

最初から大きな成功を求めず、小さな成功を繰り返すことで、自然と自信や結果につながっていきます。現状を変えるために、理想を叶えるためには、失敗しても諦めずに行動し続けるしかないのです。何もしなければ失敗も成功もありません。

みなさんは、これらの理由に心当たりはあったでしょうか?「これはつらい」「耳が痛い」と思うものこそ、あなたの「お金がない」を作っている原因です。

ただ、実はすでに、あなたはお金や時間に縛られない人生へ一歩を踏み出しています。これらの習慣は、たいてい無意識に行っているものです。それに気づけただけで、あなたの夢は始まっているのです。

ここまで読んで「私も自由で豊かな生活を送りたい」「お金や時間に悩みたくない」と思ったなら、是非この先を読み進めてください。

考え方や行動を変えれば、あなたもお金や時間に縛られず「自由」になれます。どこにでもいる普通の会社員だった私ができたのですから、大丈夫です。

理想の毎日を手に入れるために、一緒に歩き始めましょう。

好きなことだけして一生お金に困らない

Contents

第2章

自然と貯まる暮らしを作る

第3章

お金でなく、自分の気持ちと向き合う

第4章

もっと自由に楽しく働く私になる

第5章

成長し続けるための自己投資のキホン

ブックデザイン　藤塚尚子（e to kumi）
図表・DTP　横内俊彦
校正　池田研一

第1章

「豊かな人」になる準備を始めよう

お金に対する「思い込み」から抜け出そう

お金は「良くないもの」？

第1章では、豊かな人生を送るために必要な、お金の考え方や行動についてお伝えしていきます。さらに、私が今まで周りの人を見て感じてきた「本当の豊かさ」についてもお話していきます。

まず、あなたは「お金」に対して、どんなイメージを持っていますか？
たくさんお金を稼ぐのは「悪い」こと、必要最低限のお金を持つのは「正しい」こと、お金持ちの人は「何だか怪しい」……。

「お金は汚いもの」。何となくそんなふうに感じているのではないでしょうか?

そして、**「お金の役割や使い方について詳しく勉強したり、ちゃんと調べたりしたことはない」という人がほとんど**だと思います。

私も会社員として働いていたときは、お金についてあまり良い印象を持っていませんでした。

おそらく、それまで私が過ごしてきた環境が影響していたからだと思います。

父は新卒で入った会社に長く務めている、昔気質のサラリーマン。何十年も同じ会社でコツコツ働いてきた人です。母は専業主婦で、家事や子育てなど家のことをすべて行っていました。父が稼いだお金を無駄遣いしないようにと、家計をやりくりして、私や父の世話をしてくれました。さらに、親戚や友人のご両親もたいてい会社員でした。

周りの人の働き方などを見て、自然と「お金は働いた時間に対してもらえるものだ」「会社で長い時間働いて、コツコツ稼ぐことが良いことだ」という価値観を持つようになったのです。

そして、私が学生だった2000年代には、インターネット関連の企業が注目されて株価が高騰したり、ITベンチャー企業がどんどんできたりと、ITバブルが起こりました。でも、すぐにITバブルは崩壊してしまい、ライブドア事件や村上ファンド事件など、お金に関する不正も起きたのです。

私はそれらのニュースを見て、よく調べもせずに「この人たちはきっと、何か悪いことをして、たくさんお金を手に入れていたんだ。お金持ちは悪い人なんだ」と考えていました。

このように、**お金についての思い込みは、自分のいる「環境」によって作られています**。

「お金は汗水流して働いた結果もらえるもの」「ラクして手に入れたお金は良くないもの」「お金持ちにロクな人はいない」。世の中には、そんなお金に対するマイナスなイメージを持っている人が多いように思います。

けれど、それは、お金の一部分でしかありません。世の中には、ストレスのない生活をしながら、自分のためだけでなく人のために役立つ仕事をして、多くのお金を手に入れている人もいます。そういう人たちの中には、経済的に豊かなだけでなく、人間として豊かな人も多いのです。

あなたが**「お金の悩みや不安から解放されたい」「今の生活はイヤ」と思うなら、まずはお金の思い込みから抜け出しましょう。**

自分が「当たり前」「常識」と思っていることを疑ってみてください。「誰かを笑顔にできる」など、今までとは違ったお金の一面が見えてくるはずです。すると、お金を得ようとすることをポジティブに捉えられるようになるでしょう。

私がやってしまったお金の「失敗」

お伝えした通り、私の周りは会社員の人が多かったので、当然のように「大学を卒業したら就職活動をして企業で働く」と思っていました。

それ以外の選択肢があることなど、考えもしなかったのです。そして、新卒で大手電機メーカーの事務職として入社しました。

その頃のお給料は、手取りで月20万円ほど。十分に生活できる金額のはずですが、当時は「いつもお金が足りない」と思っていました。いつも気がつくと、銀行口座の残高が少なくなっていて、給料日前には、通帳とにらめっこする日々でした（本当は自分で使っていたのですが……）。

そんな中、入社してすぐに会社の上司にすすめられるまま、何となく同僚と一緒に自社株を購入することになりました。給与から天引きで、月3万円。大企業の自社株であるという安心感や、それほど高額でなく自動的に購入できるという手軽さもあり、積み立て貯蓄のようなつもりで始めました。

実はその頃、常に「お金がない」などと感じていたわりには「お金を増やす」ことに知識も興味もありませんでした。

もちろん、株式投資のこともよく知らず、株価のチェックもしていませんでした。ときどき、「そういえば、自社株を持っていたんだっけ」と思い出すくらいで、ほぼ無関心の状態だったのです。

ところが、その後会社の業績は悪化し、株価が下がり始めました。どうして良いかわからず持ち続けていたら、とうとうほぼ紙切れ状態になってしまったのです。なんと、１００万円ほど損をしていました。

株価は常に変動するもので、リスクはつきもの。そういったことを勉強せずに、周りに流されて購入し放っておいたことが良くなかったのだと思います。

お金のことをよく知らないと、思わぬところで損をしてしまうのです。

実はよくわかっていない、お金のこと

私がお金の使い方や株式投資で失敗してしまった一番の原因は、お金についてちゃんと知らなかったこと、学ぼうとしなかったことだと思っています。

ところで、みなさんは、お金のことをどれくらい知っているでしょうか？

「生活のために必要なもの」
「銀行が発行するもの」
「賄賂として渡されるもの」

他にもあるかもしれませんが、これらはお金のイメージのほんの一部でしかあり

ません。

実は**日本は海外より、学校における金融教育が不足している**といわれています。

２０１９年に、日本を含む世界の30カ国が参加してお金の知識や判断力を測る、ＯＥＣＤによる金融リテラシー調査が行われました。

すると、日本はなんと22位という結果になってしまったのです。また、男性よりも女性、特に40代以下の人の成績が悪かったそうです。

確かによく考えたら、小学校から大学まで「お金の授業」のようなものはなかったように思います。そもそも、家庭でお金について話をする機会もあまりなかったでしょう。それくらい、今の日本では、自分から学ぼうとしないとお金の知識を得ることができないのです。

みなさんが**「これからは自分らしい自由なライフスタイルを実現したい」と思っているなら、まずはお金について知ることから始めましょう**。

「どうしてお金というものが生まれたのか」

「どんなふうに世の中を回っているのか」

「お金を得るためにはどのような方法があるのか」

こういった情報を集めてみてください。お金を取り巻くいろいろな仕組みについても、学ぶ必要があります。

お金は、自分の理想の「人生」を作るための道具です。自分が幸せになるための道具をよく知らずに、新しいライフスタイルを作り上げることはできません。

かつての私のような失敗を避けるために、また今の状況から脱出して理想を手に入れるために、お金のことをよく知っておいてください。

ほとんどの人は、税金のお世話になっている

かつての私を含め、多くの人が「思い込みに捉われている」「よく知らない」と感じるのは、「税金」のことです。

お買い物をするときにかかる消費税、お給料から引かれる所得税や住民税……。誰しも生活をするために、いろいろな場面で税金を払っています。

「なんでお給料からこんなに税金が引かれるんだろう」
「税金を払ってばかりで、損をしている」
「ちゃんとしたことに使われていないのではないか」

モノやサービスのために使うお金と違い、払った結果がなかなか見えない税金に対しては、不満や不安を持っている人もいるのではないでしょうか。

私も収入が少なかったときは、月々のお給料から引かれていくのがイヤで「税金なんて、お金持ちの人がもっと払えば良いのに」と思っていました。

毎月払う保険や年金、ネットで健康器具を購入したりコンビニでおやつを買ったりしたときに払う消費税……。一つひとつは少額でも、チリも積もれば山となる。そんなふうに、「自分はかなりたくさん税金を支払っている」と勘違いしていました。

でも、実際に私が払っていた税金の額は、全然たいしたことがなかったのです。

内閣府は、年収が８９０万円未満の人は「税金を負担している額よりも税金から受けている恩恵の方が大きい」と発表しました。たいていの人は支払い分よりも税金のお世話になっているということなのです。

つまり、**収入を増やすことは、社会に貢献することである**ともいえます。

私は知人から、国や自治体から無料で受けられるサービスなどの話を聞いて、「税金のお世話になっていたのに文句を言っていたのだ」と気づきました。

税金は何のために払っているのか、何に使われているのか。

こうした、身近なお金の疑問をきちんと調べてみましょう。そうすれば、思い込みをなくして「お金を通してできること」について考えるきっかけにもなります。

私はストレスフリーな生活を目指した結果、収入を増やし以前より多くの税金を納めることで「社会貢献」もできるようになりました。

ただ自分のためにお金を得るだけでなく、税金という形で、少しでも人の役に立てるようになったことをとてもうれしく感じています。

お金を得ることは、自分だけが幸せになることではありません。家族や友人だけでなく、会ったことのない他人の幸せにもつながるのです。

そんなふうにポジティブに捉えられたら、収入を上げて理想の人生を目指すことが、もっと楽しくなるのではないでしょうか。

まずは「一生楽しく暮らせる」と知ること

人生を大きく変えた出会い

私は新卒で入社した会社を3年で辞めてから、20代の間に4回も転職しました。

そのときは、「自分に合う仕事をしたい」「キャリアアップをしたい」という思いが強かったのです。

でも、ある日、「会社を変えても、何も変わっていない。むしろ、いろいろなことが悪くなっているかもしれない」ということに気づいてしまいました。

確かに、いろいろな会社で働くことで、幅広い仕事を経験することはできました。

でも、転職を繰り返すことで収入が上がることはなく、業務によっては働く時間が増えてしまったのです。初めに大手企業に勤めていた頃より、大好きな旅行に行くのも難しくなっていました。

そんな状況でも、30歳という年齢は近づいてきます。私は、20代のうちに何か実績を残したいと考えていたので、焦り始めました。

同年代の友達は、会社で着実にキャリアを積んで役職をもらったり、結婚したり。それに比べて、私は転職を繰り返し、職場ではいつも新人扱いでした。

「私は何がしたいんだろう」「どうしたら今の状況を変えられるんだろう」と、悩んでいました。

そんなある日、Twitterを眺めていたところ、ある人の投稿が目に留まったのです。その方は、インターネットでビジネスをして大きな収入を得ながら、世界中を旅して暮らしていました。毎日好きなときに、好きなところに行けるのです。

それまで、会社で働くことしか知らなかった私は「こんな生き方があるなんて！」と、大きな衝撃を受けました。これなら、お金や時間に縛られず、好きなことをして「一生楽しく暮らす」ことができます。

私は「こんなふうに暮らしている人が実際にいるなら、自分にもできるかもしれない」と思いました。新しい世界を初めて知った瞬間でした。

それから、その方へメッセージを送り、「一生楽しく暮らす」ためのスキルを教えてもらいました。さらに、その方法を伝えていくことで、ずっと自由に好きなことができるようになると知ったのです。

そして、昼休みに副業を始めたところ、1カ月後には会社員のお給料と同じくらいの収入を得るようになりました。なんと、その3カ月後には、私のノウハウを学びたいという人が現れたのです。さらに半年後には、7ケタの収入が入るようになり、勤めていた会社を辞めて独立しました。それから1年後、月収は8ケタに近づき、現在は年に9ケタの収入をキープしています。

「一生好きなことをして、収入を継続的に得る」方法を知り、実践できるようになったら、それまで抱えていた不満だけでなく、将来に対する不安も一切なくなりました。

今の私は、通帳を眺めて一喜一憂することもありません。欲しいものややりたいことがあるときに「お金がないから」と躊躇《ちゅうちょ》したり、諦めたりすることもありません。

「好きな時間に起き、好きなことを仕事にして、好きな人たちと楽しい時間を過ごし、好きなときに旅行に行く」という生活をしています。

すべては**憧れの生活を送る人に出会い、「一生楽しく暮らせる」と知ったことが始まり**でした。みなさんも、まずは本書を通して、理想を叶える方法があることを知ってください。そして、少しずつでも行動に移してほしいと思います。

夢を叶えるのに必要なのは、最初の一歩です。新しい扉を見つけたら、迷わずに踏み出してください。

行動するからこそ、変われる

私は今でこそストレスフリーな毎日を過ごしていますが、これまでの人生がすべて順風満帆だったわけではありません。

実は会社員だった頃、「弁理士」の資格を取ろうと、大学院に通っていました。弁理士は合格率が6～10パーセントと、難易度の高い資格試験のため、毎日一所懸命に勉強しました。

その頃の睡眠時間は、毎日およそ3時間。仕事が終わってから大学院で学び、休日も自習しました。ところが、2年間もそんな努力を続けたにもかかわらず、弁理士の資格試験に落ちてしまったのです。

もちろん、当時はかなり落ち込みました。過去の失敗をなくすことはできません。そこにかけた時間やお金……。そのときの悔しさや悲しさを、さっぱりと忘れてしまうことができないのもよくわかります。

でも、「また失敗するだろう」「無駄になってしまうだろう」と、すべてを諦めるのは大きな間違いです。

うまくいかなかったのは、そもそもの目標設定や方法を間違えていたり、向いていなかったりしただけかもしれません。今振り返ると、私は弁理士に憧れていただけで、「好きな仕事」「やりたい仕事」ではなかったのだとわかります。

一度の失敗で諦めずに、試行錯誤しながら行動し続ければ、きっと「あなたの理想」にたどりつけるはずです。

「どうせ変わらない」と、行動する前に諦めるのではなく「行動していないから、現状が変わらない」という考え方に変えて、動き出しましょう。

「お金」以外のことから変えていく

まずは時間を作ろう

では、具体的にどう行動すれば良いのでしょうか。

まず、とにかくすぐにできることから始めましょう。いきなり、お金を得ようとビジネスや投資など大きなことを始めるのではなく、「お金」以外のことから変えていくのです。

収入を上げるために、初めにやるべきことは「時間を作る」ことです。

みなさんの中には、毎日満員電車に乗って、帰りは終電、土日も仕事……、そんな忙しい生活をしている人もいるかもしれません。

でも、厳しいようですが、**「忙しい」「時間がない」というのは言い訳**なのです。工夫すれば、誰でも時間は作れます。

テレビをつけっぱなしにして、ダラダラと見ていませんか？　スマホのアプリでおすすめに出てくる動画に見入っていませんか？　通勤時間に、何となくゲームをしていませんか？　仕事の帰りに用事もないのにショッピングモールをのぞいたり、コンビニに立ち寄ったりしていませんか？

そんな**ちょっとした時間の無駄遣いをやめましょう**。将来「なりたい自分」になるべく、行動するための時間を作るのです。

そうしてできた時間は、「インプット」に使いましょう。理想のライフスタイルを叶えるための情報を集めたり、スクールや個人の講師に学びに行ったり。

私も通勤やちょっとした移動時間などを見つけ、勉強したり学んだことを発信したりして、夢を叶えました。

みなさんも普段の時間の使い方を見直してみてください。

人生のゴールを決める

次に、自分の「楽しい」という感覚をもとに、目標を定めましょう。

あなたは、本当はどんなふうに暮らしたいですか？

あなたにとっての「一生楽しく暮らす」とは、どんなことでしょうか。


「パートナーと素敵な家に住む」

「毎日好きなブランドの服を着る」

「音楽で人を笑顔にする」


正解はあなたの中にあります。**あなた自身の「楽しい」を基準に決めれば良い**のです。

しっかり時間をかけて、「一生楽しい暮らし」を思い描きましょう。

このとき、他人の意見や世の中の常識を気にしてはいけません。素直に自分の想いを言葉にしましょう。あなたの好きなこと、人生でやりたいことは何ですか？　自分の気持ちと向き合ってみてください。

このときの**目標は「フワッ」としたもので良い**のです。ちなみに、私の場合は、「好きなときに旅行に行ける生活がしたい」でした。

「弁理士になって、事務所で働く」のような、詳細なものはかえって危険です。「一流シェフになって、世界中の人に料理を振る舞う」といった、規模が大き過ぎるものも、リスクが高いのでおすすめしません。

もし、弁理士になれなかったり、事務所に勤めることができなかったりした場合、その時点でどうしようもなくなってしまいます。また、弁理士になって事務所に入った後のことを考えていなければ、目標を達成しても路頭に迷ってしまいます。

目標の大きさもあまり限定してしまうと、同じように方向転換やさらに先の目標の設定に困ってしまうでしょう。

難しく考えず、大まかに**「どんな人でありたいか」という、ビジョンだけはっきりしていれば良い**のです。

たとえば、「三ツ星レストランのシェフ」というよりも、「料理を通して人を笑顔にする人」くらいの目標設定にしておきます。

そうすれば、たとえ一流のシェフになれなくても、自分の料理を食べた家族や友人が喜んで笑顔になってくれたとき、求めていた「本当の幸せ」を感じられるでしょう。

また、目標は、他人任せではないものにするべきです。

たとえば、「お金持ちの男性と結婚して、一生ラクして生きたい」という目標を立てたとします。すると、お金持ちの男の人と結婚できたとしても、その後のあなたの人生の主導権は、相手の男性が持っていることになります。

なぜなら、その男性が仕事やお金を失ってしまったら、あなたの望みとは違う結果になってしまうからです。

自分の力でどうにもならないことは、目標とはいえないのです。「他人に何とかしてもらいたい」と考えるのではなく、「自分の力で変えていこう」という考え方に変えていきましょう。

目標は「人」でも良い

目標がうまく見つけられないときは、「憧れの人」つまりロールモデルを探しても良いでしょう。

SNSやインターネット、雑誌や本などで「こんなふうになりたい」と思う人を探してみてください。「あの人の考え方が素敵」「この人の暮らしをマネしたい」と何人もいて絞り込めないときは、複数のロールモデルを設定してもかまいません。その人たちのアカウントをフォローして情報をチェックしたり、関連する記事を集めたりしましょう。

そうして、「この人だ」という人に出会ったら、その人がどんなふうにライフスタイルを変えてきたのか探りましょう。そして、その人が夢を叶えるためにたどった道をなぞり、できることからマネしてみるのです。

積極的に発信している人であればどのようにして今に至ったのか、SNSやWEBサイトに情報があります。見つからないときはコメントで質問をしたり、メッセージを送ったりしましょう。「どうやったら、あなたみたいになれますか？」と聞いてみてください。

知らない人に連絡するのは、勇気のいることかもしれません。不安なときは、その人がどんなことを発信しているのかをいろいろな媒体でチェックしてみると、人物像がより鮮明になると思います。

発信している内容やプロフィールを見比べて、やり取りをしても問題なさそうだと思ったら、ネット上で話しかけてみれば良いのです。

理想に近づくための最短のルートは、実際に成功している人に聞いて、教えてもらうことです。待っているだけでは、夢は叶いません。心の準備ができてからでも良いので、自分から近づいていきましょう。

夢への本気度を上げる

「時間もできた、目標や憧れの人も決まった！ さあやるぞ！」と始めたのは良いものの、気づいたらテレビを見てしまう……。こんなふうに、途中で挫折しないためには、「本気」で取り組むことが大切です。

夢へ向かう入口の段階で本気度が低いと、そもそも何もスタートしません。

逆に、初めは「これから夢を叶えるために、めちゃくちゃ頑張るぞ」とやる気に溢れていても、1～2カ月経つと急に冷めてしまう人も、本当にたくさんいます。

実際、私の本やブログを読んでくれて「彩香さんのような生活をしたい」と接触してきてくださる方の中にも、道半ばでフェードアウトしてしまう人がいます。そういう人は、まだ「本気で人生を変えよう」という気持ちが足りていないのです。

そうならないためにも、まず、「人生」に対する本気度を上げましょう。

そのためには、3つ方法があります。

①ものすごく憧れの人を持つ
②ものすごくイヤなことを思い出す
③ものすごく大切な人を思い浮かべる

どれか一つは、あなたにもぴったりな方法があるのではないでしょうか?

私の場合は、イヤなことを思い出すのが一番効果的でした。絶対に戻りたくない生活を思い出すことで、大変なときも頑張ろうと思えたのです。

もともと、私は飽きっぽい性格です。子どもの頃もいろいろ習い事をしていましたが、どれも長続きしませんでした。

でも、週に5日も満員電車に揺られて、「お金がない」がログセで、大好きな旅行にも行けない、不満ばかりの生活を続けたくない、絶対に戻りたくない。そう思うことで、やる気の熱量を上げてきました。

「大切な人」を思い浮かべることも、本気度が上がります。お子さん、旦那さんや奥さんなどの家族、あるいは両親など。「大切な人を幸せにしたい、もっと一緒にいたい」と思えたら、本気度が下がることはないのではないでしょうか。

私の周りにいる豊かな人たちを見ていても、どれか一つは持っています。もちろん、3つすべてをしっかり自覚している人は、本気度が揺らぐことはほとんどありません。

みなさんも、自分が頑張れる方法を見つけてください。

他人に振り回されない

本気度を落とさないためには、他にも気をつけなければいけないことがあります。

それは、自分の軸を持ち続けることです。初めのうちは、誰しも他の人の意見に引っ張られて、自分の考えがブレてしまいがちです。

でも、**自分が心から憧れて「この人みたいになりたい」と決めたのなら、身近な人よりも目標に近い人のアドバイスを聞いて実行するべき**ではないでしょうか。

友達はあなたのことを心配して、「起業するなんて大変だよ、やめときなよ」と言うかもしれません。お母さんも「今の会社、良いところじゃない。あえて辞める理由がわからないわ」と言うかもしれません。

でも、友達は今まで起業の経験があるのでしょうか。お母さんは働く環境や条件を気にしていて、あなたの本当にやりたいことを知らないのではないでしょうか。

「現状を変えたい」と強く決めたなら、その思いを貫きましょう。周りの人の目を気にしていては、一歩踏み出すことはできません。

また、周りの言うことを聞いてばかりいると、うまくいかなかったときに「あの人の言う通りにしたのに」と、人のせいにしてしまいます。

「この瞬間に何をすべきか」は、他人の意見に頼らずに自分自身で決めましょう。あなたの人生はあなたのものなのです。

どうしても周りに惑わされそうなら、少しずつ距離を置いてみてください。

たとえば、ランチのときに会社や仕事の愚痴ばかり言って現状を変える努力をしていない人が一緒にいるなら、何か理由をつけて一人でご飯を食べるようにしてみましょう。早めに休憩を終わらせて、後は情報を集めたり、勉強したりすれば良いのです。

他人を変えることはできません。また、周りの人があなたの状況を変えることもできません。あなたのことは、あなた自身でしか変えることはできないのです。

今の環境から抜け出すときには、不安に感じたり周りの目が気になったりすることもあるでしょう。

でも、勇気を出して行動すれば、あなたの生き方を応援してくれる、新しい人たちに出会うことができます。人との別れもポジティブに捉えて前進しましょう。

「豊かな人」の共通点

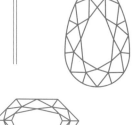

大事なのは心の豊かさ

お金も時間も自由に使えて、好きなことを仕事にして、自分のペースで働いて、素敵な人たちに囲まれて……。そんな豊かな生活をしているのは、一体どんな人たちなのでしょうか。実は、豊かな人たちには、考え方や行動に共通点があります。

先ほどもお伝えした通り、私は今インターネット関連のお仕事をしています。インターネット周りの仕事と聞いて、「派手な世界にいるんだ」と思われる人もいるかもしれません。

確かに、テレビやSNSでは、ＩＴ系の会社の社長さんや起業家の方たちの「豊か

な生活」をよく見かけると思います。高層マンションに住んでいたり、高級ブランドの洋服で身を固めていたり……。

私が一緒にお仕事をした方の中にも、見た目がかなり華やかな方はいます。でも、その方たちは見た目だけが、豊かなわけではないのです。一緒にお話したりお仕事をしたりしていると、考え方や行動などあらゆる面でも「豊かさ」を感じます。

今までの出会いの中で、**「経済的に豊かだけど心が狭い」という人はあまりいません。**そう考えると、豊かになれる人たちはもともと心が豊かだから、経済的にも豊かさを手に入れたのではないでしょうか。

塾の生徒さんや周りを見てみると「お金を払っているから、教えてくれて当たり前」と考えている人や、常にイライラしたり人のせいにしたりしている人は、いつまで経っても豊かになれていません。

真の豊かさとは、正しい心の在り方があってこそ、手に入るものなのです。視野を広く持つ、人のせいにしない、八つ当たりしない。

精神的に自立し、前向きに考えて行動することで、お金や時間、人にも恵まれていくのでしょう。みなさんも、常に心にゆとりを持つようにしましょう。

人を大切にする

私が実際にお会いした豊かな人は、いつも周りの人たちを大切にしています。

とにかく、**接し方が穏やか**です。物腰が柔らかく、言葉や仕草も丁寧なのです。上から目線で話したり対応したりすることはありません。心に余裕があり、すぐにイライラしたり、怒りを他人にぶつけたりすることもないのです。

周りをよく見ていて、**細やかな気遣いをできる人が多い**ようにも思います。

何人かで集まったときに「私は〜」と自分の話ばかりするような、自己中心的な言動はしません。食事に行くときでも、みんなが楽しめる場所を探したり、好きなメニューを選んでくれたりします。

なにより、豊かな人は**自分が得た情報を周りに共有してくれます**。「良い情報」を出し惜しみしないのです。自分がお金を払って得た情報でも、どんどん他の人へ伝えていきます。仕事のノウハウだけでなく「こんな仕事があるんだけど、一緒にやってみない？」と、チャンスも与えてくれます。

「そういう仕事をしたいなら、この人に相談してみると良いよ」「困っていることがあるなら、あの人に聞いてみると良いよ」など、人と人をつなぐことにも積極的なのです。

本当に豊かな人は「自分だけ稼げれば良い、自分だけ豊かになれれば良い」とは考えていません。

中には、たくさんお金を得ることで、道を踏み外してしまう人もいるでしょう。ただ、それはごく一部の人だけです。

本当に豊かな人は、周りの人たちも豊かになれるよう、常に足掛かりを作ってくれるのです。

気持ちを素直に伝える

みなさんは、最近、心から感動して泣いたり笑ったりしましたか?

実は、私は人の目を気にして、自分の感情を表に出さないタイプでした。

たとえば、誰かと一緒に映画館に行って、感動するシーンになっても「みんなが泣いているなら泣こうかな」「一人だけ泣いたら変かな」と、周りの反応を気にしていました。人目をはばからず、素直に涙を流すことはしませんでした。

うれしい、悲しい、頭にくる……。そんな感情を周りに合わせて、コントロールしていたのです。

でも今は、感じたことを素直に表現できるようになりました。「資格」や「肩書き」に捉われず、自由に生きる人たちを見て、人の目を気にしなくて良い、自分の思うように行動する「自然体」で良いんだと思えたからです。

豊かな人は基本的に穏やかです。でも、**自分の気持ちは、表情や言葉でちゃんと表現します**。

特に、「あなたと一緒にお仕事ができて、本当にうれしいです！」という感謝の気持ちを素直に伝えています。

会社では、「仕事上の『ありがとうございます』は、社交辞令で言っている」という感じの人が多かったように思います。私自身も、「取引先に感謝の気持ちを伝えたところで、仕事も収入も人間関係も変わらないのに」と感じていました。

でも、自分で仕事をするようになってから、周りの豊かな人たちがそんな小さなコミュニケーションを重ねることで、信頼関係を築いたり仕事のチャンスに恵まれたりする姿を見てきました。

ちゃんと自分の感情を表現できる人は、良い仕事をどんどん掴んでいくのです。

「恥ずかしい」「伝わらなくても良い」などと斜にかまえず、「ありがとう」と伝えてみましょう。

お金よりも時間を重視

それから、豊かな人は時間を大切にしています。

ときどき、私のところに来てくださる起業塾の生徒さんの中には、打ち合わせ当日になってドタキャンや、悪気なく「寝坊しました」と連絡してくる人がいます。

豊かな人は、約束や納期などのスケジュールは必ず守りますし、こまめに連絡をすることで、相手を不安にさせることなく仕事を進めています。

こうして、**自分の時間だけでなく、相手の時間も大切にしている**のです。

仕事だけでなくプライベートで人と会うときも、何時間もおしゃべりするということはなく、終わりの時間をちゃんと決めて、一つひとつの予定を充実させているように思います。豊かな人で、時間にルーズな人はいないのです。

能動的に働く

豊かな人たちの働くスタイルは人それぞれです。

不動産投資などで自ら働かずに収入を得ている人は、のんびりと過ごす日も多いでしょう。働くことが大好きで、毎日12時間以上、バリバリ仕事をこなしている人もいます。私自身は「会社員だったときより少ない労働時間でそれ以上の収入を得る」というスタイルで働いています。

いずれにしても、**豊かな人は、何かに強要されているのではなく、自分で仕事や働き方を選んでいる**のです。豊かな人や成功している人は、働く上で「やりたくないけど、やらなきゃいけない」という意識は持っていません。

受け身ではなく、「自分がやりたい」という気持ちや「世の中や誰かのために」という使命感から、能動的に仕事をしています。そうやって、**仕事に対して「自分や人のためにやりたい」という想いがのっている方が、収入もついてきている**ように感じます。

収入だけでなく、誰かのために働く人には、お金に変えることのできない人望も貯まっていくことでしょう。きっと、困ったときは周りにいる人が助けてくれるはずです。

もし、今あなたが「会社に行きたくない」「働きたくない」と思っているなら、仕事にやりがいを見出せていなかったり、その仕事が自分の好きなことではなかったりするのではないでしょうか。以前の私も、仕事は「生きていくためにしなければならないもの」と考えていました。

ただ、「生きていくため」とはいえ、人生の中で、働いている時間は大きな割合を占めています。せっかくなら、不満がたまることよりも「満たされる」と感じることを仕事にしてみませんか？

これを機に、是非「実は前から興味があった」というような新しいことにチャレンジしてみましょう。

好きなことを仕事にすると、「ありがとう」を直接もらえたり、仕事に対する考え方が変わったり、働くことに喜びを感じたり、人生でいろいろな良い変化があります。

自分の人生の中で、より多くの時間を好きなことに使えるように、一歩を踏み出してほしいなと思います。

常に学び続ける

そして、豊かな人は常にスキルアップをしています。ある程度収入を得られるようになった後も、自分を高めるために勉強し続けています。そうしないと、「自分の望むライフスタイル」を実現できないからです。収入を維持するどころか、むしろ徐々に減っていってしまいます。

世の中は、私たちが思っているよりも、常にスピーディーに変化しています。現状に満足していると、あっという間に取り残されてしまうでしょう。**豊かな生活を続けるためには、世の中の流れをキャッチして、新しいことにチャレンジし、できること**

を増やしていく必要があります。

私の場合は、仕事に関するインターネットマーケティングの勉強はもちろん、それ以外のことも、積極的に学びにいくようにしています。

そして、学んだものの中で「これは使えそう」と思ったら、すぐにアウトプットします。ちょっとした記事にして生徒さんにシェアしたり、独自性を加えてノウハウ動画として配信したりします。

また、自分の好きなことや興味のあることを仕事にしたいと思っているので、プライベートの中でも、常に新しい事業のタネを探しています。

たとえば、私は美容に関することが好きなので、ダイエットをかねて、お料理を習ったり、栄養学を学んだり、パーソナルトレーニングを受けたりしています。そして、そこで得た知識や体験をSNSで発信する記事のネタに活用したり、その業界でどんなマーケティング事業が可能なのかを考えたりしています。

机に向かって勉強することだけが「学び」ではありません。好きなことややりたいことを仕事にするためには、関連情報やちょっとした体験からビジネスのタネを見つけようとすることが大切なのです。

みなさんの中には、新しい生活を手に入れるために一歩を踏み出すとき、今までとは違い、先が見えない未来に対して「怖い」と躊躇してしまう人もいるでしょう。でも、いつも学び続けていれば、もし失敗したとしても、身につけた知識やスキル、経験をもとに、すぐにやり直せるはずです。諦めなければ、失敗した以上に活躍できるようになるでしょう。

みなさんも目標を達成するために、学び続けてください。そして、夢を叶えた後も、学ぶ姿勢を忘れないでください。

自分らしく豊かな暮らしをしよう

お金よりも大切なこと

２００２年にノーベル経済学賞を受賞したアメリカの心理学者、ダニエル・カーネマン教授によると、幸福度が収入に比例して増えるのは、年収９００万円くらいまでだそうです。

つまり、それ以上の収入を得ても幸福度はあまり変わらないというのです。

「年収９００万円だなんて贅沢だなあ」「それだけあれば、幸せに決まっているじゃないか」と思うかもしれません

でも、私自身、以前よりたくさんのお金を手にするようになって「金額が多いほど

幸せというわけではない」ということに気づきました。

会社に勤めていた頃は「お金がないと生活していけない」と、お金の必要性をものすごく感じていました。

もちろん、お金がなければできないことはたくさんあります。でも、本当に大切なのは、お金そのものではありません。お金の先にある「幸せ」なのです。

私は独立してから、**お金だけでなく「時間」「健康」「人」も大切**だと思うようになりました。

お金があっても、時間に追われていたり、不健康な働き方をしていたりしては、幸せを感じられないでしょう。また、大切な友人や家族、仕事仲間がいない人生は、さみしいのではないでしょうか。

今の生活になってから、会社員のときにはできなかった「小さなこと」ができることに、幸せを感じています。昼間からゆっくりお茶をしたり、旅行で新しいものを見たり、初めて見るものを食べたり。大切な人と過ごせる時間も増えました。

そんな何気ない小さな幸せを感じられることがうれしいのです。

豊かになるためには、お金以外に大切なことがあることも忘れないでください。

自然体で良い

私は「お金がない」と言っていた頃、少ない収入を気にしつつも、ストレス発散にたくさんのお金を使っていました。

流行を追って服を買ったり、身の丈に合わないブランド品を買ったり。「痩せたい」と健康器具を買ったり、コンビニで新作のお菓子を買ったり……。

でも、ある人と出会い「自由な生き方をしても良いんだ」と知ってから、お金だけでなく、あらゆる価値観がガラリと変わりました。

それまでの私は、すべてにおいて人の目を気にして行動していました。この服を着たらどう見られるだろうか、この会社に勤めたらどう思われるだろうか。

そうやって、他人の基準に合わせて行動していたため、お金がないにもかかわらず、たいして必要でないものにお金を使い、「名の通った会社に勤めなきゃ」「痩せなきゃ」ともがいていたのです。

でも、**「自然体で良い」と気づいてからは「自分の欲しいものだけを買えば良い」**

「自分の働きたい場所で好きな仕事をしたら良い」と思えるようになりました。

お金や時間の使い方、行動の仕方も変わって、今のライフスタイルにたどり着くことができました。「私という個性をすべて丸ごと認めて、私のやりたいことをやる」という人生に変えたのです。

すると、自分だけでなく、他の人のことも認められるようになりました。自分より上だ下だと分類して、嫉妬をしたり蔑んだりすることがなくなったのです。偏見や固定観念を捨てて視野を広げることで、心に余裕が生まれました。

自分だけでなく、周りの人も大切にできるようになったのです。

人は幸せになるために生きています。一生豊かな暮らしを叶える方法を知って、お金の先にある「自分らしい幸せ」を掴みましょう。

さて、ここまで、自分が望む人生を送るためには、きちんとお金について正しく知ること、行動することの大切さや豊かさの意味をお話してきました。

次の章では、自然と豊かになるお金の使い方をお伝えしていきます。

第2章

自然と貯まる暮らしを作る

お金を「使う」「使わない」は自分の基準で決める

自分の価値観をもとに考える

第1章では、豊かになるために必要な、お金に対する考え方などをお伝えしました。

これから、みなさんが時間やお金の悩みから解放されるためには、多かれ少なかれ収入を増やすことが必須になります。

でも、いきなり収入を上げようとしても、すぐに結果が出るものではありません。

それに、「新しいことを始める」「人生を変える」といった大きな目的のためには、ある程度の資金が必要になります。

そこで、第2章では、私も実践しているお金が自然と貯まる暮らしをするための

「コツ」をお伝えします。

ただ、「節約しなきゃ」と、あれもこれも制限して、気持ち的にも余裕がなくなるような貯め方はおすすめしません。また、「何となく将来が不安だから」と、漠然とした理由で貯金を始めるのも良くないと思っています。

お金は自分が本当に必要なもの、手に入れたいと思っているもののために貯めるべきなのです。そうでないと、貯める習慣を長く続けることはできません。また、貯め込むばかりでは、お金を使うことで得られる貴重な体験やチャンスを逃してしまいます。

まずは、お金を使うときの基準を決めましょう。何にお金を使うのか、使わないのか。それをはっきりさせることが大切です。

その基準は、あなたの価値観にもとづいて決めましょう。世の中の常識や他人に合わせなくて良いのです。たとえば、あなたにとっては必要なものでも、他の人から見たら「なんでこんなものを買ったの？」と思うようなものもあるでしょう。その逆もあると思います。

あなたが心から大切だと思うものだけに、お金を使うようにしてください。

私は以前、よく考えずにお金を使うことが多かったと思います。「何のためにこれを買うのか、利用するのか」ということを全く意識していませんでした。

でも、起業して「お金のありがたみ」がわかるようになってから変わりました。

会社に勤めていたとき、お金は「お給料」として、毎月決まった額を自動的にもらえるものと思っていました。「会社に1日行けば1万円もらえる」という感覚だったのです。

でも、会社という看板に頼らず、自分の力で稼ぎ始めると、頑張った結果がそのまま売り上げに現れたり、お客さまから直接対価をいただいたりすることで「1円」の重みを感じるようになりました。

すると、「無駄に使うのはもったいないな」と思うようになったのです。それからは、お金を使う前に「これは本当に必要なもの?」と、自分に問いかけるようにしています。

みなさんも、この機会に、自分のお金の使い方について考えてみましょう。

まずは、無駄をなくす

お金の使い方は、「消費」「投資」「浪費」に分けることができます。消費は食べ物や日用品など生活に必要なもの、投資はスクールや資格取得など自分自身やビジネスの成長に必要なもの、浪費は高級品や服飾品などなくても生活には困らないもの。

まずは、この中の「浪費」を徹底的になくすようにするのです。

ただ、この3つの分類は人によって、判断が分かれるところだと思います。たとえば、オーガニック食品を「健康への投資または必需品」とする人もいれば、「わざわざ高い食材を買うのはもったいない」という人もいるでしょう。

浪費かどうかを見極めるポイントはいくつかあります。

まず、**「人の目を気にして買う」「一時的な感情に左右されて買う」「お得だから買う」のは浪費**です。

「立派な社会人に見られたい」

図1 お金の使い方

消費	●生活に必要なもの ex)食べ物、日用品など
投資	●自分自身やビジネスの成長に必要なもの ex)講座、資格、コンサルなど
浪費	●日常生活やビジネスにおいて、なくても困らないもの ex)高級品、ブランド品、アクセサリーなど

「せっかくだから、私も同じのを買おう」
「なんかイライラするから、買い物でストレスを発散したい」
「セールで安くなってる！　買わないと損だよね」

　このように、見栄を張るためだったり、そのとき一緒にいる人に合わせてしまったり、一時的に満たされたかったり……。セールや増税前だからとか、逆に高くて良いものは長く使えるからとか、そういうお金の使い方はしないようにしています。

　たとえば、洋服なら「結婚式やパーティー用のドレスがいる」「登山専用の衣類が必要」「季節の変わり目に使えるカーデイガンが欲しい」というように、ちゃんと目的があり、必要なものであれば買っても良いのです。

逆に、「流行っているから」「これを着たら、友達に褒めてもらえるだろうな」といった、周りの評価を基準にして購入するのは控えましょう。

また、連休や年末、クリスマスなどのセールにつられて、つい必要でないものを買ってしまうということもあると思います。素敵なジャケットを見つけて「あのスカートに合うから」など、買う理由を後から作っていませんか?

先に挙げたような目的がない場合でも、せめて買う前に「何を持っているのか」を確認しましょう。そして、「カラフルなトップスが多いから、黒いものが欲しい」と具体的に決めておけば、「実は同じようなものを持っていた……」なんてこともなくなります。

買ったそのときは満足しても、時間が経つと後悔することが多いのが浪費です。素敵な服を着て、褒められるのも一瞬の出来事です。瞬間的な気分に惑わされないようにしましょう。

無意識にお金を使わない

私はウィンドウショッピングが大好きでした。

キレイに飾られたケースは見ているだけで気分が上がります。それに、新作のアイテムが並んでいるのを見ると、つい引き寄せられてしまいます。

でも、そうやってお店をプラプラ歩き回っていると、「何となく買ってしまう」ということがよくあります。「無意識」にお金を使ってしまうのです。ダラダラ見ていると、時間もあっという間に過ぎてしまいます。

他に、コンビニも無意識にお金を使ってしまう場所です。私は、会社の行き帰りや昼休みにちょっと立ち寄っては、コーヒーやミントタブレット、新商品のスイーツなどのおやつを買っていました。

一つひとつは数百円くらいですが、積み重なれば結構な額になります。気づけば、1日1000円ぐらいは使ってしまっていたのです。

そのため、今は**ショッピングモールやコンビニなど、無意識にお金を使ってしまうところには、なるべく寄らない**ようにしています。寄り道をやめれば、お金だけでなく時間の節約にもなります。また、無駄なおやつを買わなくなれば、ダイエットなど健康面にもよいでしょう。

それから、**「誘われたから、何となく参加する集まり」にも、行かない**ようにしています。昔は、誘われたら飲み会でもランチ会でも、どんな集まりにもすべて参加していました。「今月厳しいなあ」と思っても、ほとんど断りませんでした。深く考えずに参加していたというだけでなく、「みんなが出席するから」「行かないと変な人だと思われるから」と、人の目を気にしていたのも理由にあると思います。

今は仕事のパートナーや友達との大切な時間を過ごすため、憧れの人に会うためなど、ちゃんと目的を見出せる集まりにだけ行くようにしています。

本当に「行きたい」「会いたい」と思えるかどうか、そんな線引きが大切です。無意識や「何となく」といったお金や時間の使い方をなくすようにしましょう。

浪費してしまう原因とは？

でも、なぜ、本当に必要でないことにお金を使ってしまうのでしょうか。

その**一番の原因は、ストレス**です。仕事のストレス、ダイエット中で食事制限をしているストレス、人間関係のストレス……。このように、何かしらガマンをしている状況だと、特に女性の場合はショッピングという浪費に走りがちです。

今思い返すと、私もそうでした。会社に勤めていた頃、深夜にテレビで通販番組を見て、美容・健康グッズをやたらと買ってしまっていたときがあったのです。美顔ローラー、マッサージ器具、部分痩せ用のマシン……。「これは効果がある！」「キレイになる！」とおすすめされているのを見ると、とりあえず買っていました。

当時は、仕事が終わった後の深夜のショッピングが至福の時間だったのです。そこで、日々のストレスを発散していました。

でも、ある日、これらのグッズをほとんど使っていないことに気づいたのです。

「大切なお金を無駄に使ってしまった……」と、反省しました。こまめにケアをするのが苦手だと分かり、今は必要なときだけ、美容サロンなどでプロの人にケアを頼んでいます。

このように、昔の私はストレスがたまるたびにショッピングを繰り返し、貯金がほぼゼロの生活をしていました。

20代後半だった当時、会社に勤めて毎月手取りで20万円、さらに年2回ボーナスをもらっていました。年収は300万程度だったと思います。これは、同年代の女性の収入のほぼ平均です。独身ですし、普通に生活していれば貯金できるはずでした。

それにもかかわらず、転勤して一人暮らしのときも実家暮らしのときも、貯金がない上に無駄遣いしていることに気づいていませんでした。お金を使っているという感覚が全くなかったのです。

副業を始め、起業してからは、お金の大切さがわかりました。さらに、自分の理想の人生が見えてきたワクワク感からストレスも減り、無要なことにお金を使わなくなりました。

そして「本当に必要なことにだけ使う」ようになりました。もっとやりたいこと、できることを増やすためにお金を使いたいと思うようになったのです。

浪費をなくすためには、お金の大切さを認識すること、ストレスをなくすことが大切です。ストレス対策については第3章で詳しく紹介します。

管理しやすいお金の使い方をする

自分に合うお金の管理法を見つける

無駄にお金を使わないためには、自分に合った管理方法を見つけましょう。

以前の私は、お金の管理が全くできていませんでした。出ていくお金を把握できていなかったのです。

そもそも、「地道にコツコツやる」ということが苦手で、日記はおろかスケジュール帳ですら1年の最後まで埋めたことがありません。

なので、もちろん、家計簿をこまめにつけるということもできませんでした。

でも、今では「何にいくら使ったのか」をちゃんと把握できるようになりました。

実は、お金を使うときにあるルールを決めて実行しました。

それは、**支払い方法をまとめる**ことです。

以前は、支払いをするときに、現金を使うこともあれば、クレジットカードを使うこともありました。さらに、クレジットカードも何枚か持っていました。するると、どのカードで何にいくら使ったか、わからなくなってしまったのです。支払時期はカードによって異なる上に、明細書もカードの枚数分あって、残高を把握しにくくなっていました。

そのため、お金を使い過ぎないように何度も銀行に行き、記帳して確かめたり、ATMで1万円ずつおろして使ったりしていたこともあります。

けれども、お金がなくなったら、また銀行やコンビニに行って……としていると、逆にいくらおろして使ったのか把握できなくなってしまいました。お金を引き出すたびにかかる、ATMの利用手数料ももったいないと思います。

お金の管理を簡単にするには、現金での支払いをやめて、クレジットカードを一つか2つくらいに絞ってしまうのがおすすめです。

まずクレジットカードなら、何度もおろす手間が省けます。アプリを利用すれば家計簿をつけなくて済みますし、定期的にチェックすることで使い過ぎも防げます。

「クレジットカードの方が、使った金額がわからなくなりそう……」という方もいるかもしれません。ただ、今は便利なツールがあります。

私は、「Moneytree」というアプリで、今月の使用金額と各クレジットカードの利用金額の合計を確認するようにしています。

さらに、月に1回、利用明細更新のお知らせ通知がメールで届くように設定しています。一度登録すれば、ネットバンクなどのWEBサービスと連動して自動的に「何にいくら使ったのか」を入力してくれるのでとても便利です。

そうして、アプリでこまめにチェックしつつ、見逃さないように、紙でも明細書を郵送してもらって月に1回は確認するようにしています。クレジットカードの不正利用がないかは、必ず見ておかなければいけないからです。

また、海外へ旅行に行ったとき、カードなら、なくしても利用停止の手続きをすれば勝手に使われることはないので、現金より安全だと思っています。

手元の現金でやりくりしたり、家計簿をつけたりするのが得意な人は、自分に合った管理方法を無理に変える必要はないでしょう。ただ、「几帳面じゃなくて……」という人は、支払いを1枚のクレジットカードにまとめてみてはいかがでしょうか。

自分に合った方法で、お金の管理をしましょう。

お得な払い方を学ぶ

みなさんの中でも、現金での支払いに慣れている人は、クレジットカードを使うことに抵抗があるかもしれません。

そもそも、日本は「現金志向」が根強いといわれています。クレジットカードよりも、現金で支払いする人の方が多いのです。

ある調査によると、現金を利用する理由として「その場で支払いが完了する」「多くの場所で利用できる」「使い過ぎる心配が少ない」という声があるようです。

一方で、クレジットカードを利用する理由としては、次のようなメリットがあるといいます。

✦ポイントや割引がある
✦支払い手続きが早くて簡単
✦明細や履歴を確認できる
✦落としたら利用停止すれば良いから安全

2019年10月に消費税が上がってから、国はキャッシュレス決済を推進しています。小さなお店でも現金以外の支払いができるようになってきました。今はポイント還元などで現金よりもキャッシュレス決済の方が安くなることもあります。

つまり、**クレジットカードについて知っておくと、お得に暮らせる**のです。

実際、私が出会った豊かな人も「現金は使わずにクレジットカードだけを使う」という人がとても多いのです。むしろ、お財布を見かけたことすらありません。スマホケースや洋服のポケットにカードを1枚だけ入れていて、支払いのときにスッと取り出す姿をよく見かけます。

また、クレジットカードは、月々の支払いをきちんと行うことで「社会的信用度」を示すこともできます。豊かな人は、ブラックカードなどのステータスの高いカードを使い、自身の社会的信用度をさらに上げることにも利用しているのです。

ひと口にクレジットカードといっても、いろいろなメリットや使い方があることを覚えておくと、あなたの人生を豊かにしてくれます。

カードの「テーマ」を設定する

クレジットカードを作るときに「テーマ」を設定しましょう。テーマはあなたの理想の生活を助けてくれるものが良いでしょう。そして、そのテーマに沿って、いろいろなルールを決めます。

私の場合、クレジットカードのテーマは「旅を快適にする」です。旅行がお得になったり、移動や手続きがラクにできたりする使い方をしています。

まず、カード選びからです。テーマに合った特典や機能がついているものにしましょう。

私はＡＮＡのマイルをたくさん貯めるために、「ＡＮＡダイナースカード」をメインのカードにしています。単純にANAの飛行機が好きというのもありますが、ポイントの有効期限がないので、必要なタイミングで、ポイントをANAのマイルに移行できるのが魅力です。

さらに上のランクのカードや、特定のメンバーだけが申し込めるカードを持つと、旅行のときに充実した特典を利用することができます。専用の保安検査場や空港ラウンジが使えたり優先搭乗ができたり、混雑にイライラせずに済みます。

他にも、ボーナスマイルが積算されたり、カードについている保険の補償が充実していたりといった、お得になったり安心して旅ができたりする機能がたくさんあるのです。

そして、もう1枚「セゾンゴールド・アメリカン・エキスプレス®・カード」を持っています。

以前、台湾へ行ったとき、悪天候のため帰りの飛行機が飛ばなくなってしまったことがありました。でも、後から追加の宿泊費や飲食費などの補償を受けることができたのです。他にも、空港から自宅まで、荷物を無料で送ってくれるサービスもついていて、とても便利です。

もちろん、ゴールドカードやプラチナカード、ブラックカードなどのステータスの高いカードにすると、年会費が多くかかります。ただ、買い物のポイント還元率が良かったり、入会時や更新時にボーナスポイントが獲得できたり。いろいろな特典で、もとを取れる場合もあります。

ステータスの高いカードを持つには、基本的にカード会社から優良顧客として認められないといけないのですが、最近は条件を満たしていれば自分で申し込めるカードも増えています。グレードに応じて特典がついているので、自分のライフスタイルに合ったカードを持つことで、よりお得な生活ができます。

さらに、私は普段の生活でも、マイルを貯める工夫をしています。

たとえば、移動するときに使う交通系ＩＣカードを「ANA To Me CARD PASMO JCB」にして、移動にかかるお金もマイルへ移行できるようにしています。でも、クレジットカードが使えない場面もあります。また、普通にクレジットカード決済をしているだけでは、マイルはなかなか貯まりません。

そこで、食品から洋服までなるべくネットで買うこと、その際にはポイントサイトを経由してから買うことを心がけています。

今、私がメインで使っているポイントサイトは「ハピタス」です。

たとえばハピタスから提携企業である楽天のページに飛んで、クレジットカード決済でお買い物をすると、ハピタス・楽天・クレジットカードの3か所でポイントがつきます。毎回ポイントサイトを経由するのは、初めは面倒だと感じるかもしれませんが、使っているうちにすぐ慣れてしまいます。

さらに、ポイントサイトのポイントは、ANAマイルに移行したり、チャージのたびに数パーセント上乗せされた金額に増えるプリペイドカードへ移行したりして、旅行先のホテル代の支払いにあてています。

こうやってコツコツとマイルを貯めることで、飛行機代やホテル代を無料にして、海外旅行をしています。

私は会社員時代より稼げるようになったからといって、大好きな旅行にお金を好きなだけつぎ込むということはしていません。むしろ、以前よりお得になるように、詳しい人から情報を集めて工夫するようになりました。

クレジットカードの特典やポイントの使い方など、一つひとつは自分でも調べられますが、たくさんの比較サイトがあり、情報を集めて整理するのにかなりの時間がかかります。

また、カードやポイントサイト、アプリなどのサービス内容は変更になることもあるので、事前にしっかり確認する必要があります。時間を節約するためにも、わからないことは知っている人に聞きましょう。

クレジットカードの使い方も、工夫次第であなたの人生を豊かにしてくれるのです。

財布とバッグを整理しよう

ポイントカードはいらない

ところで、あなたの財布やバッグの中は、キレイに整理されていますか？　無駄遣いをしてしまう人は、いろいろなモノを財布やバッグにため込んでいることが多いようです。

たとえば、私がマイルをコツコツ貯めているように、よく利用するお店の「ポイントカード」をいくつか持って、うまく活用している人もいるでしょう。

少額であっても買い物のたびに、少しずつ貯まっていくポイントは意外とバカにできないものです。

ただ、私は各ショップのポイントカードをほとんど持っていません。

以前は、ショッピングをよくしていたこともあり、ポイントカードを入れるためだけのカードケースを持ち歩くほど大量に持っていました。でも、ある日を境にすっぱりやめたのです。

当時、あまりにたくさんのポイントカードを持っていたので、どのカードにどれくらいポイントが貯まっているのか全く把握していませんでした。買い物のたびに、レシートを確認するようなこともなく、自然に貯まるに任せていました。

そしてある日、知らずに貯まっていた大量のポイントが、有効期限切れになってしまっていることに気づいたのです。よく確認すると、２万円分くらいのポイントが消えていました。

放っておいたとはいえ、気づいたときはとてもショックを受けました。「２万円もお買い物できたのに、もったいない！」と、すごく損した気分になってしまったのです。それに「こんなことで落ち込むなんて」と、悔しい気持ちになりました。

そんなマイナスの感情をダブルで味わってしまったので、それ以降、ポイントカードは初めから持たないことに決めました。

それに**ネットで購入すれば、ポイントカードを持たなくて済みます**。そもそも、私のカードのテーマは旅を快適にすることです。お気に入りのお店のポイントを貯めることではありません。

お金を使うときのテーマ、つまり人生のテーマが決まっていれば、余計な買い物をしたり、無駄な管理をしたりしなくて済むようになるでしょう。

お財布はこだわるべき？

先ほど紹介したように、豊かな人の中には、クレジットカードだけポケットに入れて、手ぶらで出かける人もいます。

私も少しの間ですが、周りの豊かな人たちと同じように、クレジットカードだけをそのまま持ち歩いていたことがあります。

そのときは、スマホケースにクレジットカードを入れていました。

ただ、もらったレシートを細かく折りたたんで入れたり、帰宅してそれを開けて整理したりという手間がわずらわしくなり、またお財布を持つようになりました。

今はメインで使うカードはスマホケースに入れていますが、レシートは長財布に、折り目がつかないようにしまうようにしています。そして、1週間に1回取り出して整理をしています。また、メインのカードが使えないお店があったときのために、長財布には別のクレジットカードを入れています。

私にとって、お財布はレシート（領収書）入れ兼クレジットカード入れ、という位置づけです。なので、そこまでこだわりもありません。

でも、特に女性の場合、お財布を選ぶとき、少しでもお金が入ってくるようにと「金運」を気にする人が多いように思います。

金運については、風水などの「財布はこの色が良い」といったアドバイスや「安い財布にはお金が入ってこない」などのジンクス、お守りといったアイテムもたくさんありますね。金運アップのために、願掛けしたくなる気持ちはよくわかります。

ただ、あまり気にし過ぎても、仕方がないように思います。それよりも、**「私は運が良い」と思い込んでいる方が、よっぽど運気が上がる**ような気がします。私の周りの豊かな人も「自分はラッキーだ」という人が多いです。そういう人には、本当に良いことがよく起こります。

だから、私はお財布についてブランドや値段、風水的なことを気にしません。買うときに決めているのは「汚れにくい革製の長財布」「毎日持ち歩くものなので、自分が気に入ったデザインのものにする」ということくらいです。

後は、デパートなどよりも、旅行のついでに海外の免税品店で購入することが多いです。良いものを安く買えるだけでなく、旅の思い出にもなります。

お財布は必ず持たなければいけないというものではないですし、良いものを持たなければいけないということもありません。自分が心地良いと思うものを選ぶのが一番だと思います。

行動しやすいバッグを持つ

財布だけでなく、バッグの整理も大切です。

雑誌やお店でかわいいバッグを見つけたら、つい欲しくなってしまいますよね。

私もよく素敵なバッグに出会うたびに買っていました。何も入らないような小さくてかわいらしいものや、流行りのデザインのもの、憧れのモデルさんが紹介しているものなど。

でも、そういうものは、実際は使いにくかったり、持っている服に合わなかったりして、結局使わないことが多いのです。だから、家の中には、せっかく買ったのに使っていないバッグがたくさんありました。

そんな失敗から、今は**使いやすさを重視**しています。色もシンプルなものを選ぶようになりました。昔はいろいろなデザインのバッグを持っていましたが、今は荷物が入るようなある程度大きめのバッグで、白・黒・グレーの3パターンあれば十分だと思っています。

バッグの中身も厳選しています。お財布、スマホ2台、ポータブルバッテリー、充電器、ポーチくらいしか入れていません。後は、健康のために、豆乳を入れたボトルなどです。

私も以前はそうでしたが、女性はとにかく出かけるときの持ち物が多くなりがちです。化粧ポーチや小物入れ、お財布、キーケース、ちょっとしたおやつや飲み物、移動中に読む本……。

海外旅行に行くときに、「一体誰が入っているの?」と思うようなスーツケースを運んでいる人を見かけたことがあります。私も、以前は旅先でスーツケースに入りきらないくらいのお土産を買い込んでいました。最近は、無駄な買い物を減らして、必要なものは現地で調達するようになり、行き帰りがラクになりました。

成功していて豊かな人の中には、財布どころかバッグを持っていないような人もいます。荷物が少ない、身軽な人が多いと思います。特に男性はそうかもしれません。財布やバッグの中がモノで溢れていると、気持ちもスッキリしません。重い荷物に振り回されない身軽な装いの方が、夢を叶えるための行動もしやすいでしょう。

簡単に片づけられる部屋にする

大掃除で人生が変わる！

こうして、お金の周りを整理していくと、当たり前かもしれませんが、自然とモノが増えなくなっていきました。今はすっきりとした部屋で、毎日気分よく過ごしています。

実は、子どもの頃から、私はモノを集めるのが好きなタイプでした。なので、自分の部屋の中は、いつもいろいろなモノで溢れていました。友達と出かけたときに、記念として買ったマグカップやプレートなどのお土産、大好きなモデルさんが出ている雑誌、お菓子のおまけなど。

大人になってからは、ストレス発散のためにモノを買う、部屋がモノでいっぱいになる。けれど、捨てられない。また、ストレスがたまって買い物をする。そんな悪循環に陥っていました。

このような負の連鎖から抜け出して、お金に対する意識や行動を変えるためには、一度「リセット」することが必要です。

そこで、モノでごちゃごちゃになっている部屋を大掃除することにしました。不要なものや使っていないものは、すべて捨て去りました。すると、部屋だけでなく、気持ちもすごくすっきりしたのです。

それからは、何か欲しくなっても「せっかくキレイにしたのに、もったいない。もう前みたいな状態には戻りたくない」と思い、踏みとどまることができるようになりました。

一旦、大掃除で部屋も気持ちもリセットすれば、それまでの生活に線引きをして、「もう、無駄なものを買うのはやめよう」と、新しいライフスタイルを始めることができるのです。

「そんなにモノは置いてないよ」と思っていても、片づけ始めると「何でこんなもの買ったんだっけ」と意外と不要なものが出てくるものです。

「年末になってから……」と後回しせず、今すぐ片づけに取りかかりましょう。

大切なのはモノより思い出

大掃除でリセットしてから、「私は片づけが苦手なんだ。それなら、最初から買わないようにしよう」という考え方に変わりました。特に、「捨てにくい」ものは避けるようにしています。

以前、台湾に行ったとき、有名な茶器のお店でレトロなかわいい花柄の茶器のセットを見つけて、つい欲しくなってしまいました。

でも、ここで買ってしまうと、またモノが増える上に「旅行の思い出だから……」と、なかなか捨てられなくなるでしょう。そして、結局使わず、数年後に捨ててしまうのです。

少し悩みましたが、そのお店ではかわいい茶器でお茶をいただくセミナーがあったので、茶器は買わずに、そこで写真を撮って思い出に残すことにしました。

親しい友人や家族との旅行やお出かけなど、楽しい思い出が詰まったものを、あっさり捨てることは難しいものです。ただ、何かイベントがあったときに、思い出として何も残らないのもさみしいでしょう。

そこで、**私は思い出を「モノ」として残す代わりに、「写真」に収める**ようにしています。その方がモノよりたくさん残すことができますし、場所も取りません。

撮った写真は、プリントしたりCD－Rに焼いたりせずに、なるべくデータのままで保存するようにしています。アルバムやCD－Rのように「モノ」にしてしまうと、最終的に置き場に困ってしまうからです。

データは、旅行から帰ってきたり、スマホやカメラの容量がいっぱいになったりしたときに、すべてハードディスクへ移動させます。

さらに、データはコピーして、外付けハードディスクなど、別のメディアにバックアップを取ります。1箇所だけで保存していると、壊れてしまったときに元に戻せないからです。

私は、仕事上、ＳＮＳで発信するための写真や動画もたくさん撮っています。それらビジネス用の写真や動画だけでなく、ＳＮＳに投稿した文章も、必ずバックアップを取るようにしています。

「ネットにアップしたなら、大丈夫じゃない？」と思うかもしれません。

でも、Instagram などのＳＮＳは、運営規約が変わり、アカウントが急に利用停止になることもよくあるのです。そのため、発信済みのものでも、アカウントが使えなくなってしまったときに、同じものをすぐ復元できるようにデータを保存しています。

このように、データの保存とバックアップを心がけるようになったのは、ある大事な写真をなくしてしまったことがきっかけでした。

私は幼い頃からミニチュアダックスの男の子を飼っていました。つい最近亡くなるまで、毎朝一緒に散歩に行っていました。私にとって大切な家族だったのです。

愛犬の写真や動画のデータはすべて、パソコンに保存していました。でも、ある日突然パソコンが壊れて、立ち上がらなくなってしまったのです。

子犬の頃も含めて、かわいい写真をたくさん撮っていたのに、手元には数枚しか残りませんでした。それからは、データの保存にはとても気をつけています。

大切なのはモノではなく「思い出」なのです。素敵な思い出に溢れる暮らしを心がけましょう。

モノがなくなると時間も増える

みなさんは、旅行やお出かけから帰って来て、お土産やパンフレットなどの記念の品はどうしていますか?

私は、以前、旅行やイベントなどの思い出が詰まったものは、すべて部屋に飾っていました。でも、大掃除をしてからは、なるべく置かないように心がけています。

旅先で買ったお土産や利用した施設のパンフレットや、好きなアーティストのライブの記念グッズなどは、帰ってきたらその日のうちに全部整理します。イベント毎にジップロックにまとめて、押し入れにしまいます。缶や箱に入れるよりも場所を取らなくて快適です。

やはり、楽しかった出来事については、記念のものを眺めて、余韻に浸ったり振り返ったりしたいものです。なので、一定期間は取っておいて「もう十分楽しめた」と自分の中で手放せるタイミングが来たときにお別れしています。

ただ、どうしても捨てられないものというのはあるでしょう。私の場合、昨年亡くなってしまった、愛犬が使っていた首輪やリードは、いまだに捨てられません。本当に大切なものまで捨てる必要はないのです。

そして、不思議なことに、私がモノをあまり買わなくなっていくと、友人など周りの人にも変化が現れました。

たとえば、私はテーマパークなどで、よくかわいいデザインの缶入りクッキーなどを記念に買っていたので、部屋の中が缶だらけになっていました。

「モノを増やさない」と決めてからは、一緒に行った友人に「今、部屋を片づけているところだから、お土産は缶入りよりも紙箱のものを買うようにしているんだ」と、それとなく話すようにしたのです。

すると、プレゼントやお土産でもらうものも変わってきました。紙箱入りの食品やお菓子、せっけんや入浴剤など、いわゆる「消え物」をもらうようになったのです。

こうやって、「モノを増やさない」ということを何となく宣言していると、モノが増えるきっかけも少なくなります。さらに面白いことに、周りの友人の中には、断捨離にハマる人も出てきました。

最終的には、**モノがなくなることで、とにかく時間ができました**。頻繁に片づけや掃除をする必要がなくなったのです。

モノを買う時間、散らかったものを片づける時間、飾っているものにたまるホコリをはらう時間、たまり過ぎたものを捨てる時間……。そんな無駄な時間を減らすことができたのです。

こうして「片づけ」がスケジュールに入り込んでこないことで、本当にやりたいことに打ち込むことができます。

モノを増やさないことで、時間もお金も増える。夢を叶えるために行動し、より豊かになっていく。そんな良いサイクルを作っていきましょう。

豊かな人は、モノより時間を買う

ここまで無駄なものを買わない、必要なものだけ買うということをお伝えしてきましたが、豊かな人はどんなことにお金を使っているのでしょうか。

それは、やはり「時間」です。私は豊かな人たちがお金を払って、自由な時間を手に入れているところを見てきました。

たとえば、出張や旅行で飛行機を使うときに、優先搭乗をして一番に荷物が出てくるようにする。移動するときに、タクシーや新幹線などを使って最短で目的地に着くようにする。遊ぶときにも、優先的に入場できたり、アトラクションにすぐに乗れるチケットを買ったり。**時間を買うことで、待ったり移動したりといった無駄な時間が発生しないようにしている**のです。

また、学びや情報にもお金をかけています。資格や知識が必要なときは、早く結果を出すために、独学ではなくお金を出して、その道のプロに習いに行くのです。

さらに、仕事でも、簡単な作業は外注したり、苦手なことは得意な人に任せたりしています。私も、ＳＮＳを使ったちょっとした作業や記事の修正は頼んでいます。豊かな人は、そうしてできた時間を、自分が本当にやりたいこと、やるべきことに使っているのです。

誰でも、時間には限りがあります。しかも、それは思っているよりも、短いものです。時間も思い出と同じく、モノより大切なものなのです。

与えられた時間は、自分にとって大切なことに使いましょう。

第3章

お金でなく、自分の気持ちと向き合う

思考と気持ちを整える

テンションは「上げる」よりも「保つ」

2章でお伝えした通り、無駄遣いの一番の原因はストレスです。

毎日の中に、ストレスを引き起こすものはいろいろあります。職場で納得いかないことで怒られたり、忙しい日が続いたり。他にも、友人や家族との関係がうまくいかない、体調がすぐれない……など。

今の生活を選ぶ前は、私も会社で上司に言いたことが言えない、忙しくてせっかくのクリスマス時期にドイツ旅行に行けない、お金も時間もなくてやりたいことができない……。このように、いろいろなストレスをためこんでいました。そして、そのストレスをショッピングで発散していました。

「イライラ」「モヤモヤ」がたまると、人生を変えるための行動にも影響が出てしまうことがあります。「とにかく何か買ってスッキリしたい！」という衝動を引き起こすだけでなく、「目標を達成しよう」というやる気がそがれてしまうのです。

夢への努力を止めないようにするには、自ら普段の考え方や行動を変えていく必要があります。

こう言うと「イライラする代わりに、何かワクワクすることがあれば良いじゃない」と考える人もいると思います。

確かに、テンションが上がるような「ワクワク」することは、イヤなことを忘れさせてくれるだけでなく、毎日に楽しみややりがいを与えてくれます。でも、常にワクワクを求め、**右肩上がりで高まった気持ちは、いつか必ず落ちていきます**。

実は、この「テンションが下がる」という状態は、大きなストレスになります。ワクワクした状態から「何かやる気がない」「つまらない」と、気分が沈んでやるべきことが手につかなくなってしまいます。すると、頑張れないことや心から楽しめ

図2 テンションの保ち方

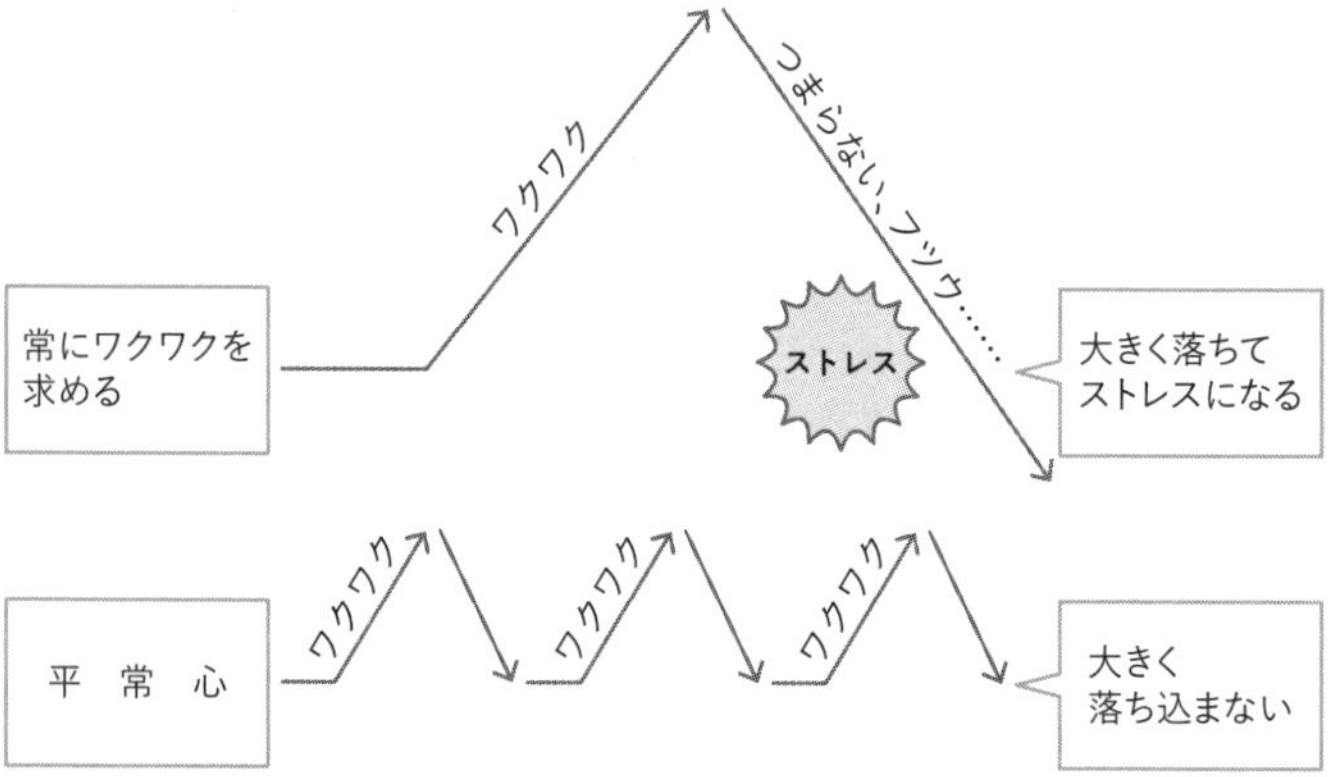

ないことに落ち込んで、自分を責めてしまうのです。

また、テンションを常に高く保とうとすると、常により強い刺激が必要になります。そうなると、自分なりの「楽しい」の基準がよくわからなくなってしまうのです。

たとえば、私が「旅行が好きだから」と、海外に住むことを選んだとします。

すると、海外にいることが当たり前になり、たまの「ごほうび」としていた旅行を楽しめなくなってしまうでしょう。それは「旅行を楽しむ」という、私の理想のライフスタイルではありません。

これは、旅行などの趣味に限らず、「好き」を仕事にする上でも必要なことです。

だから、私は本当に好きなことを楽しむために、日常生活でテンションが上がり過ぎて落ちることがないようにしています。常に穏やかな気持ちでいる「平常心」を心がけているのです。

自分のライフスタイルに合わせて、一定のテンションを保つことが大切です。

そして、**平常心を保つことができていないと、周りの人のペースも乱してしまいます**。無理やり自分のペースに巻き込んでしまったり、うまくできないと冷たくしてしまったり。

相手の気持ちを察せなくなってしまうこともあります。

私も、自分がそういう行動をしていると気づいたら、「平常心じゃなくなっている」と考えて、すぐいつもの調子に戻すように心がけています。

平常心でいれば、たとえ「イラッ」とするようなことがあっても「この人はこういう人なんだ」「困っているなら手伝ってあげよう」と余裕を持って接することができるようになります。

上がり過ぎず、下がり過ぎず、ちょうど良いテンションで、平常心を保てるようにしましょう。

モチベーションも高め過ぎない

テンションだけでなく、モチベーションも、同じように上がり過ぎに注意しましょう。目標を達成したり成長したりするために、モチベーションは欠かせませんが、「やるぞ!」と、初めからハイペースで突き進んでいくと、途中で息切れしてしまいます。そして、作業のスピードが落ちたり動けなくなってしまったりします。

新しいことを始めるだけでも、かなりのエネルギーや時間を使います。自分のキャパシティを考慮せずに「気持ち」だけで動き出しても、どこかで無理が生じます。だから、多くの人はやる気があっても「三日坊主」になってしまうのです。

私の起業塾の生徒さんでも、目標に向かって走り始めたばかりの人は、途中で燃料切れしてしまうことが多いようです。

実際に動き出す前に、自分の体力や気力などを考えて「いつ何をどれくらいするか」を決めましょう。わからない場合は、少し低めに見積もっておきます。

3〜7日で無理が出るようなら、1日の作業量や目標を見直しましょう。毎日ちゃんと続けられるようなペースで行うことが大切なのです。

情報をコントロールして、考える力をつける

あなたは、毎日どれくらいの時間、スマホやテレビを見ていますか？　家や電車の中、休憩中など、気づいたら流れてくる情報に埋もれていませんか？　プッシュ通知が届くたびにスマホを手に取ったり、テレビをつけっぱなしにしてぼんやり眺めたり……。このように、必要のない情報が自動的にどんどん入ってくる生活をしていると、情報に振り回されてしまいます。世の中の出来事に対するＳＮＳ上の過剰な反応やデマに翻弄されて、ストレスがたまることも多くなります。

このような情報の洪水におぼれる習慣を改めて、**基本的に情報は「自分で取りに行く」**ようになりました。モノを整理するのと同じように、情報も整理するのです。

豊かな人は、自分の情報収集の「軸」を決めている人が多いです。

たとえば、「ニュースならこの番組」と、見るものを決めています。いろいろなところから集めるというよりも、情報源を絞っています。

私も1日に2~3時間くらいは情報収集をしていますが、見るのはTwitterやInstagram、雑誌が読み放題のアプリ「dマガジン」くらいです。

一般的なニュースよりも、インターネットマーケティングをしている方の情報や、マーケティングに関する新しい情報などを集めています。

こうして自分に必要な情報を得るための軸を持つと、余計な情報によって、気分や物事の判断がブレることがなくなります。

また、私はネットやテレビのニュースについている「第三者のコメント」なども見ないようにしています。以前はそのニュースが世間でどのように扱われているのか確認したり、自分の考えをまとめる上で、参考にしたりしていました。

初めはいろいろな意見を知ることができて便利だなと思っていましたが、そのうち、自分の考えがそれらの意見に左右されていると感じるようになりました。そして、ニュースのコメンテーターや本に書いてあることをうのみにしてしまうなど、自分には人の意見に流されやすい傾向があることに気づいたのです。

それからは、自分の本当の気持ちを見失わないよう、そういった「人の意見」を見過ぎないように努めています。

誰かの意見を見る前に「このニュースについて自分はどう思うか」というように、**自分で考えるクセをつけると、情報の正しさを見極める「目」も育ってきます**。さらに詳しい情報が必要だと思ったら、ひと手間かけて自分でも調べるようになりました。

こうして、得た情報から自分で考える力がつくと、ビジネスにも活きてきます。

たとえば、SNSやネットで話題になっているものを見ても「今流行っているから、私もこれをビジネスにしよう」と、情報をうのみにして、ただのっかるようなことはしなくなるでしょう。

「本当に流行っているのか、なぜ流行っているのか」を、自分で調べてから動けるようになるはずです。

私自身、会社員だった頃は自分の考えというものをあまりよくわかっていませんでした。自分の考えをもとに行動する「自分軸」ではなく、人の目を気にした「他人軸」で生きていたのだと思います。自分で考えることを大切にすると、後悔や失敗も減ってきました。

夢を叶えるために「自分で考える」という習慣が必要なのです。

考えを整理して、ネガティブを引きずらない

このように、自分の考えを整理する時間は大切です。考えを整理していくと、自然と気持ちも落ち着きます。私は起業してから、以前よりも一人の時間を大切にするようになりました。1日に少なくとも2時間は取るようにしています。

会社で働いていると、仕事以外にも、ランチや飲み会など、基本的に誰かと過ごすことが多くなります。結婚している人や実家暮らしの人は、家に帰れば家族がいます。忙しい社会人は、一人の時間を意識的に作ろうと思わなければ作れないものです。「人と会う方が大事」などといってないがしろにせず、自分と向き合う時間を持つことが大切です。

一人の時間でやることとは、まず**毎朝必ず、その日にやるべきことの確認をします**。そして、**寝る前には、1日の振り返り**をします。「将来やりたいことに向かって行動

できたか」についてもチェックします。

すると、失敗したり上手くいかなかったりしたことが見えてきます。

「集客数が少ない」「売り上げが上がらない」といった具体的な課題が見つかったら、冷静に原因を分析し解決策を考えます。

こうして、いつも頭の中を整理しておけば、何か問題が起こって一時的に落ち込んだとしても、ネガティブな思考は引きずらなくて済むのです。解決の糸口が見えると、気持ちは自然と前向きに切り替わります。

私は、ビジネスで**良いときも悪いときも、記録をこまめに残しています**。そして、うまくいかなくなったら、ちゃんと成果が出ていたときのことを見るのです。何をどんなふうにやっていたのかを振り返り、現状と比較して行動を変えていきます。

集客数が少なかったら、発信や閲覧の数、どんな内容を発信したのか、売り上げが少なかったら、お客さまの属性や成約率はどうだったのかなどを確認します。

そして、数字だけでなく、どんな記事が好まれるのか、アクセスしてくれたお客さまとどんなやり取りをして、どんな情報をいただけたのか。ブランディングのための情報も分析します。

もし、自分ではどうにもならない「トラブル」が発生してしまったら、しっかり考え尽くした上で、信頼できる人へ素直に助けを求めましょう。自分で考えることは必要ですが、ずっと悩んでいても状況は変わりません。

あなたが日頃から誠実に接していれば、きっと助けてくれるはずです。

つらいことも、どこかで切り替える

私は起業してから、いろいろなことを自分で選べるようになったので、以前に比べるとかなりストレスが減りました。仕事でうまくいかない場合でも、ほとんどの原因は自分にあるので、解決策を見つけて対処できます。

でも人生には、突然、自分ではどうにもならないことが起きてしまうこともあります。そんなときは、どうしても焦ったり悲しくなったり、ネガティブな気持ちに捉われてしまうでしょう。

私も、母が病気になったときや、愛犬が亡くなったときは落ち込みました。

ただ、いつまでも悲しい気持ちを引きずらないよう、行動を変えました。母が楽しいことだけ考えられるようポジティブな声かけだけをするようにしたり、愛犬が亡くなったときも「寿命を全うできた」「また家族で旅行に行ける」など、プラスに捉えなおしたり。

そうやって、どこかで気持ちを切り替えるようにしてきたのです。

起きてしまったことは変えられません。変えられるのは自分の考えと行動だけです。自分がポジティブになれば、周りもポジティブになってくれます。

もちろん、つらい気持ちをガマンする必要はありません。私も愛犬が亡くなったとき、しばらくの間、ふと思い出しては悲しくなって涙を流していました。

でも、いつまでも、ネガティブな気持ちを引きずっていても、状況が良くなることはないと思います。落ち込んでも、必ずプラスに切り替えて、前に進みましょう。

つらくない人間関係を保つ方法

ストレスにならない人づき合いのコツ

ストレスは、ほとんどの場合、人と人との関わりの中で発生するものです。

社会でいろいろな人と接する限り、ストレスをゼロにすることは難しいかもしれません。近所や会社などで毎日顔を合わせる人の中に「会いたくないな」「話したくないな」と思う人がいたらつらいですよね。

会社や学校にいる人は、自分が選んだわけではありません。たとえ環境を変えたとしても、10人中一人ぐらいは自分と合わない人がいるものです。

ただ、そういう人と、無理につき合う必要はありません。最低限のコミュニケーシ

ヨンで良いのです。**「一緒にいたくない」と思ったら、物理的にも心理的にも距離を置きましょう。**

私も以前は、お昼も週末も会社の同期と一緒でした。でも、「休みの日まで愚痴を言い合うより、好きな友達と遊んだほうが良い！」と思って少しずつ離れるようにしました。ランチも飲み会も、週末も好きな人と過ごせば良いのです。

そうやって、「合わない人やネガティブな人とは最初からつき合わない」「好きな人といる」と決めて行動するだけで、イライラする頻度は減ります。

自分と合わない人に対して「あの人は間違っている。変えなくちゃ」と思うかもしれません。でも、他人を変えることはできないのです。変えられるのは、自分だけ。自分から居場所を変えて、心地良い人間関係を作りましょう。

大切な人が落ち込んでいるときは

もし、家族や友人など大切な人に何かトラブルがあって、本人が一時的にネガティブになっているときは、どうしたら良いのでしょうか。

そんなときでも、私は**少しの間だけ距離を置く**ようにしています。

冷たいと思われるかもしれませんが、大きく落ち込んでいる相手の気持ちを簡単に変えることはできません。それに、本人の中で答えは決まっていたり、時間が解決してくれたりすることもあります。

だから、私は自分から悩んでいる相手に「相談して！」と、ぐいぐい迫ることはしません。

それよりも、「待っているよ」というスタンスで見守るようにしています。そして、様子を見ながら連絡を取っています。

もちろん、相手から「話したい」と言ってくれたら、会いに行きます。自分のタイミングではなく、相手に合わせて対応します。

人づき合いで大切なのは「距離感」です。お互いの距離が近過ぎると、良くも悪くも相手の心理的な影響を受けます。あなたが相手に合わせて一緒にネガティブになっても、双方にとってプラスにはなりません。

良い関係を続けるためには「相手が元気になってくれるのを信じて待つ」ということも大切です。

ＳＮＳは見なくて良い

最近「ＳＮＳ疲れ」という言葉をよく聞きます。ＳＮＳで他人の投稿を見て、イライラしたり嫉妬したり、疲れてしまったりするのです。

私もFacebookで、会社の同期が出世して海外で頑張っている姿、友人が結婚して毎日子どもの写真をアップする様子などを見て、嫉妬したり焦ったりしていたときがあります。

結局、自分にプラスにはならないと感じて、プライベート用のアカウントは閉じてしまいました。

前より心に余裕が持てるようになったといっても、自分が諦めた夢を実現した人を見たら、羨ましいと思うからです。

たとえば、知人が「弁理士試験に合格して有名な弁理士事務所で働いている」という投稿を見たら、自分が試験に落ちた過去を思い出して、ネガティブな気持ちになってしまうと思います。

ストレスを減らすためにも**「SNSを見るのは週に1回だけ」といった、自分なりのルールを作って、関わるようにしましょう。**

また、積極的に投稿していると、思いがけず、怒りや批判を向けられることもあるでしょう。残念ですが、SNSには匿名であることを利用して、相手に罵詈雑言を浴びせる人もいます。私もビジネスをしていて、そのようなメッセージを受け取ったことがあります。

その場合も、とにかく関わらないことです。悪意のあるメッセージを見なくて済むように、相手をブロックしましょう。こういったケースは、関わるほど争いが大きくなっていくように思います。それでは、相手の思うツボです。

生徒さんからも「こんな批判のメッセージが来てしまったんですが、どうしたら良いですか」と相談を受けることがあります。そんなときは「ファンにもお客さんにもならない人なので、ブロックしちゃいましょう」とアドバイスをしています。

見知らぬ人から怒りや批判を向けられると、ショックを受けてネガティブになってしまうかもしれません。

でも、匿名で他人に悪口を言う人は、結局自分に自信がない、弱い人なのです。

そんな人の一言で、メンタルや生活を左右されて、夢への歩みを止めてしまうのはとてももったいないこと。そう考えて、前に進みましょう。

自分の言葉を変える

言葉は、人を変える力を持っています。

愚痴を言ってばかりの人は、同じようにマイナスな発言をする人を引き寄せたり、周りの人も文句や愚痴を言うようになったりします。「お金がない」と言ってばかりいると、お金がない人を引き寄せるのと同じことです。

私の周りで成功している豊かな人たちは、自分が発する一つひとつの言葉を慎重に選び、穏やかに人と接しています。そうすることで、良い人脈に恵まれ、楽しそうに仕事をしています。

だから、私は**イライラや激しい言葉をぶつけてくる人にも、丁寧に接する**ようにしています。すると、態度が優しくなったり、こちらの行動に対して感謝の言葉を添えてくれたりするようになり、相手の対応が変わっていくのです。

仕事上で何かをお願いするときも、「やっといてね」とただ投げるのではなく「いつも仕事が早くて助かっています。申し訳ないのですが、これもお願いできますか?」と一言添えるだけで、快く引き受けてもらえます。

相手がどんな人であっても、丁寧さや謙虚さ、感謝の気持ちを忘れずに、言葉や態度を選びましょう。そうすることで、ストレスのないやり取りができます。

「楽しい」「好き」を大切にする

「好き」は人生のエネルギー

この章の初めに、常に平常心でいることが大切とお伝えしました。毎日急な気分の上がり下がりがなく心穏やかに過ごすことはストレスフリーな生活を送るために必要なことです。

でも、それだけでなく「好き」「楽しい」と思うものを深掘りすることで、より人生が充実します。**「好き」「楽しい」を適度に追いかけることで、仕事や付き合う人の幅が広がっていく**からです。

人生において「好き」「楽しい」の気持ちは、一番重要なエネルギーなのです。

私の場合は、特にInstagramやマーケティングについて、いろいろな情報を集めるのが好きで、TwitterやInstagram、YouTubeを見ていると、あっという間に時間が経ってしまいます。新しいことや興味のあることについて「今どんな動きがあるんだろう」と調べるのが楽しいのです。

普通の会社員だった頃から、SNSを見たり調べものをしたりするのは好きでしたが、今はそれが仕事になって、もっと好きになりました。時間も前より多くかけています。

そして、プライベートでも「ビジネスに活かせないか」という視点を持って、情報を集めるようになりました。

洗練され過ぎずビジネスとして完成していない、ビジネスの「タネ」を見つけたら、一つの情報源を深掘りするよりも、いろいろな人が発信している情報を集めます。「本当に正しい情報なのか」「専門家の意見はあるか」などを広く探っていきます。

最近注目しているのは、Instagramで数千人規模のフォロワーを抱えている、美容関係の人たちです。

先日、眉のアートメイクをしたくて、Instagramで情報を集めていました。アートメイクとは、染料をつけた針を皮膚に刺し、眉やアイラインなどを描く施術のことです。

その中で、フォロワーが3000人くらいいる方を見つけて、渋谷のサロンで施術してもらいました。「誰もが知っている有名人！」というわけではないのですが、積極的にアートメイクの情報を発信してファンを獲得されていて、2カ月先まで予約がいっぱい。

起業せずに会社が運営するサロンに属している方ですが、個人でSNSを利用して顧客を得ているのは、今の時代ならではの稼ぎ方だと思います。

今、こういった方や同じ働き方を目指す人たちのために、マーケティングのスキルを活かして、何かできることはないかと考えています。

このように、私は自分の中のいろいろな「好き」を仕事につなげていくことで、人生がもっと豊かになってきました。みなさんも好きなことを見つけたら、どんどん追いかけてください。

「嫌い」の感覚も大切にする

「好き」という気持ちを大切にしていると、「嫌い」という感覚にも敏感になりました。「やりたいこと」「得意なこと」に集中したいからです。イヤなことを消して、好きなことに集中できる環境を作ることで、ストレスのない生活ができます。

私は**嫌いなものはガマンせずに、なるべく回避する**ようにしています。

たとえば、昔から、朝の満員電車に乗るのがイヤでした。だから今も、外出するときはなるべくスケジュールを調整して、その時間帯を避けるようにしています。

また、紙の書類の整理や細かい事務作業が苦手なので、確定申告などの経理に関することは税理士さんに外注しています。

確かに、自分でやればお金はかかりません。でも、本当に大切なのは「やりたいことをやる人生」「ストレスフリーな生活」をすることです。

苦手なことは、お金をかけてでも、できる人に任せましょう。その分、好きな仕事や得意な仕事で稼いで取り戻せば良いのです。

起業してからは、自分で仕事の内容などをいろいろ選べるので、「好きじゃない」と思うことはほとんどしなくて良くなりました。

ただ、どうしても嫌いなことや苦手なことをやらなければいけない場合もあります。そんなときは**「自分の成長のチャンス」と、捉えて取り組む**ことにしています。

「イヤだなあ」と感じるのは、その仕事が「自分の能力を超えたもの」だからです。もし、会社で気が重くなるような仕事を任されたら、「自分を指名してくれたということは、このメンバーの中で自分が一番できると思って頼ってくれたんだ」と前向きに考えてみてはいかがでしょうか。

嫌いなものを好きにならなくても良いのです。大切なのは、何事も「ポジティブ」に捉えることです。ちょっと「嫌だなぁ」と思うことに直面しても、上手に対応できるようになれば、ストレスにならなくなるでしょう。

楽しくなくなってきたとき

「何だか楽しくない……」。大好きなことでも少し続けていると、そんなふうに感じることもあるかもしれません。

私も、もとから飽きっぽいところがあるので、新しい学びがなかったり同じことを繰り返したりしていると、好きなことでもつらくなってしまいます。

そんなときは、**もう一度新鮮な気持ちで取り組めるように、今いるところから一歩、学びや行動の範囲を広げてみる**ようにしています。

たとえば、料理が好きで教室に通っているけど、和食ばかりを作っていて飽きてしまったとします。そんなときは、パン作りのコースをやってみるなど、別のジャンルを取り入れてみるのです。

もし、学びに行こうという気持ちすら起きなかったら、もう料理そのものが好きじゃなくなっているということでしょう。その場合は、思い切って手放してしまいます。

私は転職を繰り返していたとき、どの仕事も好きだから始めたこともあり、職場を変えてから初めの3カ月くらいは、新しいことをいろいろ学べて楽しいと思っていました。

ただ、だんだん仕事に慣れて、社内の全体の様子が見えてくると、「5年、10年先も業務の範囲はこのぐらいなんだ」と感じるようになってしまいました。すると、「この仕事って、本当にやりたいことだったのかな」と考えるようになり、「好き」という感覚がどんどん減っていきました。

そんなふうに「やりたくないな」「楽しくないな」と思っていると、私の場合は、判断や作業のスピードがガクンと落ちます。

そうした傾向に気づいたら、仕事の幅を広げたいと上司に相談したり、思い切って転職したりしてきました。みなさんも、自分の中の「つまらない」サインを見逃さず、成長のために、好きなことを広げたり、増やしたりしてください。

「飽きている」「つまらない」という理由だけでなく、毎日忙しくしていると心や体が疲れ切って、自分の好きなことがわからなくなってしまったということもあるでしょう。

そんなときは、一度立ち止まってみましょう。そして、**小さい頃から好きだったこと、以前少しでも好きだったことを思い出して、もう一度やってみる**のです。

そうして、少しでも「好き」の感覚を取り戻すことができれば、また「興味のあることをやってみよう」という元気が湧いてくると思います。

人生をストレスフリーに楽しむためには「好き」という感覚を持ち続けることが、とても大事です。今好きなことも過去に好きだったことも大切にして、新しい「好き」の感性を磨き続けましょう。

「不安」をなくすためには

「絶対大丈夫」はない

ストレスだけでなく、漠然とした「不安」も、無駄遣いの原因になっていることがあります。

「仕事がなくなったときのために、株でも買っておいた方が良いかも」
「老後のために不動産とか買おうかな」
「病気や事故、災害に備えて、保険に入ろうかな」

このように将来のリスクに不安を感じて、何となく金融商品や不動産を購入したり、増税前に大量の食品や日用品を買い込んだり。一見すると、「もしも」のときのために、ちゃんと備えているように見えるでしょう。

でも、これらは「投資」というより、不安からくる浪費だと思います。私は必要最低限のもの以外に、保険や年金などをかけていません。

時代はどんどん変わっていきます。それに、未来を完璧に予測することはできません。どんなに準備していても、「絶対大丈夫」ということはないのです。

それなら、**本当に必要になるかわからないものより、いつでも稼いでいけるスキルを磨く方が役に立つ**と思います。時代に合わせて知識やスキルを身につけていけば、収入がなくなることはないでしょう。

先々のことを心配し過ぎてモノやサービスを購入するのではなく、不安があっても身一つで対処できるように、稼ぐスキルを上げることを優先しましょう。

そうすれば、余計な不安からお金を使ってしまうこともなくなります。

誰でもできる「成功体験」の作り方

豊かな人は「自分の手でお金を稼いだ」という成功体験があるので、将来に不安を持っていません。「一人で生きていく自信がない」「会社や誰かに依存しないと生きていけない」という状況では、不安が生じてしまうでしょう。

とにかく、まずは「自分で稼げる」という成功体験が必要です。

自分一人の力で生きていくスキルがあれば、「何があっても大丈夫」と思えるようになるでしょう。そうすれば、周りの人の顔色をうかがったり、無駄な投資をしたりしなくて済みます。

そうはいっても、「いきなりビジネスを始めるのは怖い」という人もいるでしょう。

そこで、**すぐにできる成功体験として、「旅」をしてみましょう**。旅を自分で組み立てることで、一つのことをやりとげる感覚を身につけるのです。

旅行会社のツアーに申し込むのではなく、飛行機を手配して、ホテルを予約して、現地のことを調べて行きたいところを決めて、スケジュールを組んで……。そうして、自分で一から旅を作り上げるのです。

もちろん、旅の途中では予想外のことも起きるでしょう。天候が荒れて交通機関がマヒしたり、道に迷ったり、目的地に着いたら定休日だったり。そんなときも、一つずつ冷静に対応すること。そうすると、ビジネスなどで突発的なトラブルに見舞われても、臨機応変に対処できるようになります。

うまくいかないことがあったら、「何が足りなかったんだろう」と考えましょう。体験から何か学びを得たら、今後の旅の質を上げることができます。

また、**資格やスキルを身につけるために、何かを学びにいくことも、成功体験につながります**。ただ「有名なスクールに申し込んで通う」のではなく、自ら情報を集め、勉強の計画を立て、コスパ良く最短ルートで学びを得る方法を考えて行動してみましょう。

「自分でお金を出して、何かを学びにいく」ということが大切なのです。調べる、計画を立てる、実際に行動する、結果を出す。これらを自分の力で完結させてください。

こうして、小さな成功体験を少しずつ増やしていきましょう。「何か起きたとき、誰かに頼らなくても乗り越えられる」という自信につながれば、他の人の意見やネガティブな情報に振り回されて不安になることもなくなります。

「発信力」が不安解消のカギ

実は、「発信力」をつけることも、不安解消のカギになります。発信力というのは、SNSやブログなどで情報を発信し、フォロワーという形で自分の「ファン」を獲得することです。

今はインターネットを使えば、誰でも場所や時間を選ばず仕事ができる時代です。SNSやブログで多くのフォロワーがつけば、広告料などの収入を得ることができます。

また、自分の好きなことや得意なことを発信すると、それに関連した企業からマーケティングやブランディングの仕事がくることもあります。

さらに、フォロワーが増えてより多くの人の目に留まるようになれば、自分のページでオリジナル作品や商品を紹介したときに、「買いたい」という人が現れるかもしれません。そうして、新しいビジネスにつながることもあるのです。

「私には発信するようなことなんてない……」「ネットでビジネスなんて不安」という人もいるでしょう。

でも、そんなに難しいことを考える必要はありません。あなたが今すぐできることや知っていることから発信していけば良いのです。

ＳＮＳで何かを発信するだけなら、誰でも簡単にできます。**不動産やＦＸなどのように、元手が必要というハードルや、失敗して大金を失うというリスクがありません。**旅や学びに比べると、時間もあまりかかりません。

女性の場合は、普段からＳＮＳを利用している方が多いと思います。是非、いつもの何気ない投稿を少し本格的にやってみませんか？

小さな一歩が、未来を切り開くきっかけになることでしょう。

伝えるのは「身近なもの」で良い

発信力をつけるために最も大切なことは、**テクニックよりもとにかく継続すること**です。張り切って始めても、ＳＮＳ疲れですぐにやめてしまう人が、案外たくさんいるのです。

その一番の理由は、自分にとって無理なブランディングをしているからです。

たとえば、「海外旅行が好き」と考えていても、実際に旅行に行く余裕がなければ、そのうちネタ切れになってしまいます。憧れだから、好きだからといって、毎日高級なものを食べに行ったり、ブランド品を身につけたり。発信する内容が身の丈に合っていなければ、長くは続きません。

自分が本当に好きなもので、かつ、ストレスなく自然体で発信し続けられるものを見つけましょう。

まずは、身近にある好きなことで良いのです。カフェが好きならカフェ巡り、田舎に住んでいるならスローライフ、犬を飼っているなら愛犬の日常などです。それらに対して、専門家である必要もありません。

ただ、ＳＮＳ上でより多くの人に好まれるものは３つの特徴があります。この３つのうちどれかに当てはまっているものを発信すると、一番ファンが増えやすいのです。

①おいしいもの（高級感や手作り感のあるもの）
②綺麗なもの（花・アクセサリー・アート・自然）
③かわいいもの（赤ちゃん・動物）

できるだけ、この中から自分に合ったものを見つけられると良いでしょう。

もし「ニッチで需要は少ないかもしれないけれど、この分野について自分は誰よりも詳しいから、熱烈でコアなファンを獲得できる」というものがあれば、それで挑戦してみても良いと思います。あなたらしく、楽しく続けられることが大切なのです。

未来を開く「発信」のコツ

そして、発信するものが決まったら、良い記事を作ってSNSやブログに投稿しましょう。

たとえば、「食べもの」に関することなら、ただ「このお店でご飯を食べました。美味しかったです」ではなく、みんながそのお店に行きたくなるように書くのです。ホームページに載っていないようなお店の内装や雰囲気、料理の感想やスタッフさんの対応など、自分のリアルな体験などを盛り込みましょう。位置情報を載せる、お店をタグ付けするなど、読んでくれる人への小さな気配りも忘れないようにしてください。**詳しく丁寧に書くことが、なにより大切**なのです。

慣れてきたら、お店がどんなことをPRしてほしいのかを想像して、記事を書くと良いでしょう。すると、PRのお仕事をもらえるようになることもあります。

また、**発信の体裁や方法については、それぞれの媒体に合わせましょう。**

Twitterなら、とにかく数を打つことでフォロワーが増えやすくなります。私も初めはTwitterで、1日10投稿を目標にしていました。

Instagramなら、写真を重視します。綺麗な写真をのせるだけでなく、プライバシーに配慮し、枚数も多めにのせるようにします。ただ、写真ばかりでなく、文字でも情報をしっかり届けましょう。

いずれにせよ、ターゲットが閲覧する時間帯に投稿することで、見てもらえる機会を増やすことも大切です。

ちゃんと意図を持って発信し、受け手の反応を検証するということを繰り返していくと、結果が出せるようになっていくはずです。

そして、**SNSで発信する際には、誰が見ても不快にならないよう配慮する**ことも大切です。

配信する内容が、先ほど紹介した3つのポイントを含むものであっても、「良いな、憧れるな」というレベルを超えると、「うざい」と思われてしまうこともあります。

バランスが難しいのですが、自慢にならないよう、同じような投稿を繰り返さないなど、気をつけましょう。そのあたりは、憧れの人を参考にしても良いと思います。

天災や事件などのニュースに対する投稿も、注意が必要です。私は基本的に、そのようなことについてSNS上では言及しないようにしています。たとえ、気づかったつもりでも、「私は無事です」「何もなくて良かった」と発信することで傷つく人もいるからです。

好きなものを発信しつつ、自分よがりの内容になっていないか、常に気を配りましょう。そういう心配りができる人に、人はついてくるのです。

第4章

もっと自由に楽しく働く私になる

ストレスフリーな働き方をする

仕事を通じて得られるもの

お金や時間に対する意識が変わり、夢や理想がはっきりしてきたら、少しずつ働き方を変えていきましょう。第４章では、時間やお金に悩まされない、ストレスフリーな働き方をお伝えしていきます。

みなさんは、今の仕事や働き方に満足しているでしょうか？

私は会社で事務の仕事をしていた頃、ただ与えられた仕事を淡々とこなすだけでした。「別に他の人でもできることだし……」と感じていて、やりがいを持てなかったのです。また、同僚や取引先など、周りの人から適当にあしらわれることが多く、自分の業務に対して感謝されることもなく、さみしく感じていました。

でも、起業して会社に頼らず「自分」というブランドで、お客さまと接するようになってから、働くことの意味が変わりました。


それは、仕事を通して、**自分の存在意義を感じられるようになった**からです。

起業塾の生徒さんが理想のライフスタイルを実現できたり、フォロワーさんや読者の方から「すごく良い刺激を受けました」と言われたり。

毎日のように「ありがとう」という感謝のメッセージが届いて、「この仕事をやって良かったな」「出版に挑戦して良かったな」と思いました。誰かが自分のことを必要としてくれている、ということが純粋にうれしかったのです。

収入が多い少ないに関係なく、気持ちが満たされるようになりました。

そして今、私にとって働くことは「生きがい」だと思っています。「必要とされている」。そう感じられることが私の働く理由です。

あなたにとって、働く意味とは何でしょうか？　仕事を通して、どんなことを得たいですか？　どんなことを人や社会に与えたいですか？

自分のライフスタイルや目標を設定するときに、一緒に考えてみてください。

「ESBI」のどこに立つ？

「ESBI」をご存知でしょうか。世界的なベストセラー『金持ち父さん貧乏父さん』（ロバート・キヨサキ著　筑摩書房）で紹介されました。世の中にある働き方・収入モデルを次の4つに分けたものです。

✦E＝Employee（従業員）
✦S＝Self employee（自営業者）
✦B＝Business owner（事業主、経営者）
✦I＝Investor（投資家）

「Employee」と「Self employee」は、自分の労働時間の分、収入を得ています。
「Business owner」と「Investor」は、従業員を雇って働いてもらったり、資産を動かしたりすることで収入を得ています。

豊かなライフスタイルを実現するためには、経営者か投資家を目指すことになるでしょう。投資家になれば、より時間もお金も自由になります。

ただ、私は**投資家よりも、経営者として働く方がやりがいを感じられるし、人や社会とつながりを持つことができて、人生が充実する**と思います。

投資家になって、あまり人と会わなくなったら、人生を「楽しい」と感じられなくなってしまう気がします。人それぞれだとは思いますが、やはり、人との関わりがある方が、仕事として「面白い」のではないでしょうか。

それに、私が株や仮想通貨で失敗したように、投資はマイナスになる可能性があります。相当勉強が必要ですし、努力だけではどうしようもないような運やセンスも持っていなければいけないように思います。

難しいことや馴染みがないことよりも、自分がもともと好きなことや得意なことをやる方が、はるかに楽しいと思います。もちろん、投資が好きな人は良いでしょう。

でも、そうでないなら、自分らしい仕事や働き方を見つけてください。「こうすべき」という答えはありません。あなたなりの「幸せ」の基準で選びましょう。

「準備万端」じゃなくて良い

今まで会社員として働いてきた人は「いきなり経営者になって、うまくいくの?」と、不安に思うことでしょう。「経営について勉強して、ちゃんと準備をしてからでないと、ビジネスを始めてはいけない」と思っている人もいるかもしれません。

でも、実際はそんなことはありません。私はある方からスキルを学んで、それをすぐに実践するということを続けて、最終的に独立しました。

副業を始める前や独立する前に、経営やリーダーシップなどを勉強したわけではありません。むしろ、会社を経営する上で必要な細かい事務作業など、苦手なことだってありました。

何か新しいこと、経験のない大きなことを始めるときに、「準備万端」でなくても良いのです。

「人事労務の知識がないと社長にはなれない」「マーケティングの知識がないと起業できない」ということはありません。**実際に動きながら、身につけていけば良い**のです。それに、仕事の内容や規模によっては、必要ないものもあります。

今まで普通に社会に出て、会社やお店などで働いていた人なら、社会人として必要な一定のスキルは持っているものです。私はそれくらいの知識や経験があれば、一人でビジネスを始めるには十分だと思っています。「特別なことを用意しておかなきゃダメだ」ということはないのです。

私も初めたばかりの頃は、知らないことばかりでした。でも、続けていたら少しずつできることが増え、いろいろな経験が積み重なって「今」があります。

まずは、できることから始めていきましょう。

働き方は誰でも変えられる

経営者として「教える仕事」をする

豊かなライフスタイルのために、私がおすすめする働き方は、「教える仕事をする」ということです。

以前私が執筆した『やりたいことを全部やってみる』で紹介した、夢を叶えるまでの3つのステップの中で、「最終的には好きなことを仕事にするだけでなく、教えるビジネスにしよう」ということをお伝えしました。

こういうと、「好きなことを仕事にするだけではだめなの?」と思うかもしれません。「好きな商品やサービスを扱えるならそれで良い」という人もいると思います。

私のようにインターネット関連の仕事をしたい人なら「SNSで発信してフォロワーを増やし広告収入で生活ができるなら、わざわざその方法を人に教えなくても良い」と考えるかもしれません。

でも、もし景気が悪くなって、企業が広告費をかけなくなったら？　商品を作るための材料が手に入らなくなったら？

「教える」という仕事ができれば、そんなときにも対応できます。

ネットがつながっていれば、遠く離れたところに住んでいる人にも教えることができます。つまり「お客さまは世界中にいる」ということなのです。ネットがなくても、紙とペンさえあれば、近くにいる人に教えて収入を得ることができます。いったん独自のノウハウを確立すれば、一生食べていけるスキルになるのです。

また、「経営者」として教える仕事をするというところもポイントです。

有名な音楽教室や料理教室などで講師として働くのではなく「自分で教室を運営する」ということです。

確かに、どこかの会社に講師として所属していれば、個人に代わって広告費の負担や集客をしてくれます。教室の場所代や水光熱費などの必要経費も払ってくれます。教材を作ってくれたり、道具を用意してくれたり、講師のスキルアップのための講習も用意してくれたり。社員としてどこかに雇われていたり、個人事業主として契約を結んでいたりする方が良いと思うかもしれません。

ただ、その手間賃や費用は、確実にお給料から引かれています。一つひとつは大した金額でなくても、積もり積もればかなりの額になります。

ただ、経営者として教室を開くなら、集客や集金など、これらのことを全部自分でやることになります。教えるスキルだけでなく、ビジネスについても学ぶ必要が出てきます。

こういうと、かなり大変なことのように思われるかもしれません。

でも、第2章で述べたように、集客のスキルといった専門的なことは、コンサルティングなどのプロに相談すれば身につけることができます。独学よりもプロにお金を払って学ぶ方が、質の高い情報を得られて時間も節約できます。

また、苦手なことは得意な人に任せれば、問題ないでしょう。クラウドソーシングなどのサービスを利用して外注すれば、費用を抑えられます。

「講師が自分だけだと、教えられる人数にも限界がある」と思うかもしれません。でも、一度教える内容をまとめてテキストや動画などを作ってしまえば、誰かに頼んで教えてもらうことができます。

経営者になるからといって、**何でもかんでも一人で頑張らなくても良い**のです。あなたのノウハウを広める仲間を探しましょう。それに、通信教育という形にすれば、わざわざ教えに行かなくて済みます。

私自身も、ビジネスパートナーの方に、講師をお願いすることがあります。すべてを自分で抱え込まなくて良いのだとわかれば、一歩を踏み出しやすくなるのではないでしょうか。

スキルは「10人に一人レベル」で良い

教える仕事に興味があっても、「教えられることなんてない」「好きだけど教えるようなことじゃない」と思うかもしれません。

でも、大丈夫です。難しい技術などでなく、自然に自分がやってきたことやできることで、「本当に価値があることだから、人に伝えたい」と思えるものを見つけて、教えれば良いのです。

それに、よほど特殊なものでなければ、今から新しいことを学んでも、遅くはありません。私も今のスキルをもともと身につけていたわけではありません。社会人になって、人から教えてもらったものです。

また、人に教えるのに、プロ並みのスキルを備える必要はありません。逆に、有名なプロから習うのは、一般の人にとって気が引けるものです。**「近くにいるちょっと詳しい知人に聞く」くらいの感覚がちょうど良い**のです。友達など、10人くらい集まった中で、自分が一番できるくらいのレベルで十分でしょう。

「こんなの大したことない」「誰でもできるでしょ」と思うことでも、他の人からしたら「すごい！」「やったことない」ということもあります。

たとえば、「アフィリエイトをしている人のうち、約95パーセントの人は月に5000円以上稼げていない」といわれています。つまり、月に5000円以上稼げたら、トップの約5パーセントに入っているのです。それは十分、人に教えるに値するスキルでしょう。

ただ、そのスキルやノウハウが誰でもできるのかという**「再現性」については、あらかじめ確認しておきましょう。**特別な能力や環境がないとできないスキルだと、習いにくる人が限られてしまいます。いろいろな条件の中で、自分のノウハウを再現できるのか試してみてください。

身近な人にも協力してもらうと良いでしょう。5人くらいがあなたの教えたスキルやノウハウをちゃんとできるようになれば、問題ないと思います。

もちろん、道を究めて、上級者向けクラスをするのもありでしょう。誰に何を広めたいかによって、学ぶべきことや必要なレベルは、それぞれ変わってくるはずです。

いずれにせよ、あなたが伝えたいことを、自信を持って教えてください。

「強み」は誰かに見つけてもらう

「自分にできることがわからない」という人もいると思います。そんなときは、人に聞いてみるのも良いでしょう。

私は、起業塾で、生徒さんのコンサルティングをすることもあります。

その人の得意なことや好きなことを掘り下げていくと、意外と、本人が気づいていない強みが見つかります。それは、長年の思い込みなどが邪魔をして、心の中に埋もれていたものであることも多いのです。

先日、ある方から「インターネットで副業を始めたい。ＳＮＳでどんな配信をしたら良いか」という相談を受けました。

プライベートでのアカウントを見せてもらうと、趣味で描いているというイラストがものすごく上手でした。そこで、私は「これをお仕事にできますよ」と伝えたのですが、最初はなかなか信じてもらえませんでした。

よく話を聞いてみると、昔「イラストレーターは食べていけないからやめなさい」

と親に言われ、諦めて美容師になったということでした。

でも、絵を描くのが得意なら、イラストレーターにならなくても「イラストの描き方を教える」仕事をすることができます。

それに、今の時代はインターネットがあります。SNSの投稿に完成度の高いイラストを載せてフォロワーという形でファンがつけば、イラストのお仕事の依頼がくるかもしれません。ネットで似顔絵を描いて販売するという方法もあるでしょう。

もちろん、教える内容はもっと**身の周りに関することや、小さなことでも良い**のです。掃除など家事のスキルをお仕事にしている人もいます。貴重なスキルが、あなたの中にも眠っているはずです。

「私の強みって何だろう?」と悩んだときは、周りの人に聞いてみてください。

オリジナリティは少しあれば良い

ひと口に「教える仕事」といっても、人によってやり方は違います。

たとえば、「お味噌汁の作り方」を教えるといっても、材料やだしの取り方など、人によってさまざまでしょう。

誰も教えている人がいないジャンルならともかく、料理や音楽のように他にも教えている人がたくさんいる場合、オリジナリティが必要になります。急にオリジナリティといわれて悩んでしまうと思いますが、実際はあなた自身の「体験」にもとづくもので良いのです。

私はある方からノウハウを学びながら実践しているときに、「自分が実際やってきた体験談を伝えていきたい」と思っていました。そこで「初心者の頃の記録」をとっておくようにしたのです。

自分がステップアップして、いろいろなことができるようになると「どんなところでつまずいたか」ということを忘れてしまいます。自分が教える立場になったときのために、教わったノウハウだけでなく、失敗談を含めて自分が経験したことを、SNSやメモに残しておきました。

すると、実際、人に教えるようになったときに、生徒さんから「この部分を知りたかった」と言ってもらえたのです。みんな、つまずくポイントは似ているようでした。

たとえば、女性の場合、細かい数字の管理が苦手な方が多いように思います。お金の出入りの管理やどれくらいの売り上げがあるか、他にもいろいろな手続きの締め切りといったスケジュール管理など。そんなときは、エクセルで管理する方法を伝えるようにしました。

また、個人差もありますが、女性の中には、始めたばかりで作業が習慣化していない頃はプライベートでマイナスなことが起きると気持ちが下がり、手が止まってしまう方もいるようです。

私も会社でイヤなことがあると、副業でやるべきことが進まなくなることがあったので、気持ちはよくわかります。

だから、新しいことを始めてから最初の1～2週間はなるべくコンタクトを取ったり、普段の生活の中で無理なく実践できるようなスケジュールを一緒に考えたり、習慣化できるように私なりにお手伝いしています。

学んでいく過程の「自分の気づき」を大切にしておけば、あなたの「教える仕事」にオリジナリティが生まれるのです。

私は生徒さんにも、「私が伝えるスキルを人に教えることで、さらに収入を得ることができるんですよ」と伝えています。生徒さんが私のノウハウに自分の経験談をプラスアルファすれば、独自のスタイルとして人に教えていくことができます。

こうして、同じ内容を教えていても、人によっていろいろなスタイルができてくるところが、教える仕事の面白いところでもあると思います。

みなさんも、難しいことを考えずに、素直な自分の経験談を「オリジナル」にしてください。

人生が変わる働き方をする

「教える仕事」は、半年くらいで稼げるようになる

実は、私も初めから「教える」ことを意識していたわけではありません。

最初に紹介した、憧れの方から「人に教えることは、難しいことじゃない」と言われたことがきっかけで、「教える仕事を、ビジネスの軸にしていきたい」と考えるようになりました。

ほとんどの人が「教えるなんて、難しい」と思っているでしょう。でも、第4章の初めの方で述べたように、教える仕事は誰でも始められます。つまり、一歩踏み出せば、他の人がやっていない「ライバルの少ない仕事」ができるのです。

図3 教える仕事を始めるまで

期間	内容	ステップ
1~2カ月目	●目標を設定する ●ロールモデルを決める	step❶ 準備
3~4カ月目	●必要なスキルを身につける ●SNSなどで、好きなことや得意なことを発信する	step❷ 学び＆発信
5~6カ月目	●発信する媒体を増やす ●学んだことを人に教える仕事を始める	step❸ 教える＆発信

毎日の時間を有効に使って努力すれば、私がやっているようなインターネットの仕事にかかわらず、料理や写真、アクセサリー作りなども、半年くらいあれば収益を得ることができるようになると思います。

まずは、1~2カ月目は、目標やロールモデルを設定します。そして、3~4カ月目は、しっかりとスキルを身につけながら発信をしていきます。さらに、5~6カ月くらい続けていくと、「あなたのスキルを教えて欲しい」という人が現れてくるでしょう。

生徒さんを増やすために、たくさん広告費をかける必要はありません。自分が使いやすいSNSなどの媒体を使って、発信していけば良いのです。余裕が出てきたら、発信する媒体を増やしましょう。ただ、投稿する内容は基本的にすべて同じで大丈夫です。

そうして生徒さんが集まれば、6カ月後くらいには、会社で働くのと同じくらいの収入を得ることができるはずです。

私は会社に勤めながら、まずTwitterで投稿を始めました。すると「彩香さんのようになりたい」という人が現れて、個人コンサルティングのような形で、オンラインでノウハウを教え始めました。

本業もあって忙しい毎日でしたが、だんだん「このビジネスでやっていける」という確信が強くなり、自分の人生が大きく変わると思うとワクワクして、のめりこんでいきました。ストレスでお金や時間を浪費することもなく、楽しみながら続けた結果、副業スタートから半年後には独立したのです。

「国家資格がなければできない」「長期間の実践が必要」といったものでなければ、教える仕事はすぐに始められます。みなさんも、好きなことを教えること、を仕事にしてみませんか？

人とのつながりで増えるお仕事

「教える仕事」を始めると、良いことがたくさんあります。

自分から教えていくことで、人から大きなお返しをいただけることが多いのです。業界のトレンドなどの新しい情報を教えてもらえたり、ビジネスチャンスをもらえたり、人脈が広がったり。

GIVE&TAKEという言葉をよく聞きますが、私は先に与え続けることで受け取れるものがたくさんあると考えています。

以前、ジムでパーソナルトレーニングのお仕事をされている方に、SNSを使った集客のノウハウを教えたことがあります。すると、その方から「じゃあ、今度トレーニングは無料で良いよ」と言われました。その後は「それなら私のSNSで教室を無料で紹介しますね」と与え合うようになります。

自分の得意なことを教え合う「教えることの交換」が起こるようになるのです。たとえ、お金を払って私のところに習いに来ていたとしても「いつも教えてもらっているから」と、お互いにできることをして高め合っていく「プラスの連鎖」が起こります。

多くの人は受け取ったものに対して、「感謝の気持ちを伝えたい」「何かを返したい」という気持ちになるのだと思います。

習いにきてくれたこと、教えてくれたことに対する感謝の気持ちが生まれることで、お互いが「この人との関係性を長く保ちたい」と思い、つながっていくのです。

そんな素敵な働き方をこれからも広めたいと思っています。

好きな人に囲まれる

さらに、教える仕事を始めたことで、私の周りには素敵な人がどんどん集まってきました。周りに穏やかな人が増えて、雰囲気を乱す人やいつも機嫌が悪い人が自然と減ったように思います。

教える立場になると「いろいろな人とつき合わなければいけない」という印象があ

るかと思いますが、そんなことはありません。少しイヤな言い方かもしれませんが、**自分のノウハウを「教えたい」と思う人だけに教えれば良い**のです。

私の場合、実際に生徒さんに教える前に、必ず自己紹介文を送ってもらったり、電話でお話したりしていました。そこで「ちょっと違うな」と思う方は、申し訳ないけれどもお断りしていました。お互いに気持ち良くやり取りしたいと思っていたからです。

それに何より「彩香さんから習いたい」といってくれる人のお手伝いをしたいのです。

「何でも良いから教えて!」「どうにかして!」という人より、「もっと成長したい」「一緒に人生を楽しくしたい」といってくれる人といたい。

この先の人生において、どんな人と一緒に過ごしたいかという軸を持つと、教える仕事でもっと豊かで自由になれます。

「経営者」の視点を持つ

すべては自分の責任

ビジネスを始めるときには「経営者の視点」が欠かせません。経営者の視点とは、**「自己責任マインド」と「コスト意識」の2つを持つこと**です。

会社員なら、失敗やミスをしても、最終的に上司や社長が責任を負ってくれます。ただ、そういう「守られている」状態に慣れてしまうと、責任を持って仕事をするという感覚を持ちにくいでしょう。私自身そうでした。

でも、「誰かが何とかしてくれる」という気持ちのままだと、起業しても成功はできないでしょう。

うまくいっても失敗しても、それはすべて自分の行動や発言の結果なのです。人のせいにせず、何事も自分の責任であるという意識を持ちましょう。

そして、何か良くないことがあるときは「うまくいくためには、どうしたら良いか」と、改善策を考える力が必要です。

困ったときは誰かに相談しても良いでしょう。ただ、「助けてください」と、初めから手放しで聞くのはよくありません。「自分はこう思うのですが」と、自分で考えてから話すようにしましょう。

いつまでも他人に「おんぶにだっこ」状態では、経営者とはいえないのです。ときどき、私の生徒さんにも、なかなか自己責任マインドを持てない人がいます。「自分が稼げないのは、教え方やノウハウが悪いからだ」と言うのです。

そういう人は、自分がちゃんと取り組んでいないのに原因をよく考えず、とりあえず人のせいにしていることが多いように思います。

いつまでも「先生」と「生徒」の関係では、自由なライフスタイルを手に入れることはできないでしょう。自分で人生を作り上げていくためにも、自分の責任で行動し、自分で考えるということが大切なのです。

普段から「トラブルが発生したり、うまくいかなかったりしても、自分で何とかする」ことを意識して、思考や行動を変えていきましょう。

「コスト意識」を持つ

もう一つのコスト意識とは、**お金と時間の無駄をはぶいたり、必要なところにはしっかりお金や時間を使ったりすること**です。

たとえば、買い物のために毎日コンビニへ寄っていては、買うものを選ぶ時間やレジに並んでいる時間がもったいないでしょう。また、いろいろ見ているうちに、余計なものを買ってしまうかもしれません。

それよりも、ネットショップで定期的に商品が配送されるサービスなどを利用すれば良いのです。私の場合、リアル店舗で買うのは、試し履きをしたい靴とカウンターで試したい化粧品、実物を見て選びたい友達のプレゼントくらいです。

これで、お店に行ったり商品を購入したりする時間やお金の節約ができます。日常のほんのちょっとした部分でも、コスト意識を持ちましょう。

一方で、**本当に必要なところでは、思い切ってお金を使います**。私はビジネスの質を上げるために、コンサルティング費用として年間7ケタくらい支払っています。

他にも、健康管理のために、会社員の頃よりもお金を使うようになりました。「自分の代わりはいくらでもいる」と考えていたときは、遅くまで出かけて睡眠不足になったり、食事もきちんと取っていなかったりしました。

でも、今は「自分がやらなければいけない」ことがあります。だから、いつも健康な状態に保てるように気を遣っています。

余計なことと大事なことを見極めて、お金と時間を使う。それが、経営者に必要なコスト意識です。

ただ、急に「経営者視点を持とう」といっても、なかなかすぐにできるものではないでしょう。でも、今の生活で「小さな挑戦」を繰り返すことで身につきます。

成功体験のところでもお話した旅や資格などは、経営者視点を得るのにも効果的だと思っています。

自分で計画を立て、お金を出して学びに行く、自分で調べて体験に行く、ということが経営者として良い経験になると思います。

コストを意識して習慣を変えつつ、新しいことに少額でもお金をかけて計画的に取り組むことで、自然と経営者として必要な感覚が身についてくるでしょう。

必要なのは「使える」スキル

スキルといえば、簿記、秘書検定、ＴＯＥＩＣ何点、といったものを思い浮かべる人が多いでしょう。

私も昔は、会社にすすめられるままに、いろいろな資格の勉強をしていました。よく考えると、ビジネス上、武器にはならないようなものもあったと思います。

資格やスキルを学んでも、実際の業務に役立たなければ、時間もお金も無駄になってしまいます。なにより「自分のやりたいこと」に直結する資格でなければ、取っても意味はありません。

それぞれの理想のライフスタイル、仕事や働き方によって、具体的に必要な資格やスキルは変わってくると思います。自分に今必要なものだけを選びましょう。

時代もお金の価値も変わっていきます。「いつか必要になるかも」と、あまり先を見過ぎても意味がありません。予測できる範囲、長くても2年くらいの間で必要だと感じるものだけ取り入れれば良いでしょう。

ただ、**どんな仕事をする上でも、大切なのは「集客」「教育」「販売」のスキル**です。

まず、自分がそれぞれの分野でどれくらいの利益を上げているのかチェックして、足りない部分を見つけたら、専門的な知識を持つ人に学びに行きましょう。

早く成果を出したいなら、専門のコンサルタントの方に聞くのが一番早いです。

ただ、まずはどのスキルを上げるべきなのか、業界の情報を集めたり、周りで同じビジネスをしている人に相談したりしてみましょう。

たとえば、集客のスキルでいうと、業界ごとに「毎月大体100人くらいのお客さんがくる。そのうち40人の人が買ってくれればビジネスが成り立つ」といった「平均点」があります。

私はスキルについては、この平均値に達していれば、むやみにそれ以上を目指す必要はないと思っています。平均値を超えようという意識は大切ですが、実際に数値を上げるのは結構大変なことです。

もし、その業界で成約率は30パーセントで十分稼げるのに、無理に60パーセントへ上げようとしていたら、おそらく時間もお金も無駄になってしまいます。

平均値以上を求めるより、平均より低いところ、つまり、効果が出やすそうなところからスキルアップを図りましょう。

経営者としての基本的なスキルについては、コンサルタントの方、同じ職種やビジネスをしている人から、過不足がないか定期的にチェックしてもらってください。

客観的な目で見てもらうことが大事です。

チャレンジする姿に人はついてくる

人に教える仕事を続けるためには、自分自身が常に学び続けることが大切です。

あなたが真摯に学ぶ姿を見て、**新しく「学びたい」という人がついてきたり、以前**

来てくれた生徒さんが協力してくれたりするようになるのです。

実際に、ビジネスを始めたばかりの頃に習いに来てくれた生徒さんで、今でもリピーターとなって学びにきてくれている方がいらっしゃいます。

また、生徒と講師という関係からさらに深いお付き合いにつながる人もいます。経営者としてもっと上を目指したいという方とは、ビジネスパートナーとして一緒にお仕事をしているのです。ＳＮＳでの集客やクロージング、教育を手伝ってもらったりしています。

こうやって、いろいろな人が学びにきてくれたり、一緒に働いてくれたりするのは、私がInstagramや執筆などに活動範囲を広げて、新しいことにチャレンジし続けている姿を見てくれているからかなと思っています。

私は出会った人たちとは、その場限りの関係ではなく、長く関わっていきたいと思っています。つながったのは何かのご縁ですし、学び合い高め合うことで、一緒に豊かな人生を楽しみたいのです。

みなさんも、教えることを通して、素敵な経験をしてください。

第 5 章

成長し続けるための自己投資のキホン

もっと「投資」をしよう

「資産」になるものにお金を使う

第2章でお金の使い方を3つに分けるというお話をしました。その中で「投資」というものがあったと思います。

第5章では、この投資についてお伝えしていきます。第1章で述べたように、豊かな人は常に学び続けてスキルを磨いています。自分自身を高めて豊かな人生を続けていくためには、どんな投資をすれば良いのでしょうか。

まず、投資にはいろいろ種類があります。株や不動産、FXなど……。ただ、ここ

でお話する投資とは、自分を成長させるための「自己投資」のことです。

私はお金を管理するために、銀行口座を2つ持っています。収入が入る口座から、「消費」にあたる税金と生活費を別の口座に移して、その中でやりくりするようにしています。

そして、残りをすべて「投資」にあてています。

私にとって**「投資」は、未来に活きるお金の使い方をすること**です。スキルや経験として蓄積されて「資産」になるもののために、お金を使います。

つまり、基本的に「自分にとってプラスになる」と確信ができるものだけにお金をかけるのです。「モノ」だけでなく、知識や人脈、体験や情報のような「コト」にも、積極的に投資します。このように、形として残るものだけでなく、目に見えなくても、自分の仕事や人生にプラスになるものが資産なのです。

たとえば、私の場合は、インターネットを使って仕事をしているので、写真1枚も、大切な資産になります。

「お金がない」と言う人ほど、節約することに一所懸命になって、投資をあまりしません。そして、自分や他人のためにお金を使わない人になってしまうのです。

恩人へのプレゼントを安く済ませたり、傷《いた》んだ服や手入れをしていない髪で就活や婚活、商談などの大きなチャンスがある場所に出かけたり。

確かに、一時的には節約になるかもしれません。でも、長い目で見ると、それは自分にプラスになることではないように思います。

「今」だけに注目せず「将来どうありたいか」から考えて、お金を使うようにしましょう。

消費を投資に変える

私は普段から浪費を減らすだけでなく、すべてのお金を「投資」として使うように心がけています。一見すると、消費や浪費と思えるようなものも、投資になるように意識しているのです。

たとえば、街で素敵な時計を見つけたとします。すぐに必要なものではないけど、どうしても欲しい。そんなときは「これから仕事を頑張るため」「流行りものではないから、長く使おう」と考え、自分への投資として購入するのです。

同じように、人によっては、ハイブランドを持つことも投資になるでしょう。高級店で上質なサービスを受けて、「いつもここに来られる生活をする」というモチベーションを上げようと考えるなら、それは立派な投資になります。

大切なのは、そのお金を使うことで、自分なりの「収穫」を得られるかどうかです。素敵な時計もハイブランドも、収入やスキルアップなどのプラスにつながれば良いのです。

ちょっと参加費が高い集まりも、考え方や行動によって「投資」になるかならないかが決まります。「周りの人とコミュニケーションして新しいことを知る機会にしよう」「参加者やお店の方と仲良くなろう」「素敵な食事を写真に撮って、SNSにアップして記事にしよう」。

そんなふうに、ただ「素敵なお店で食事を楽しもう」ではなく、**学びや人脈、記事のネタという資産に変えられるように考えて行動する**のです。

私にとっては、海外旅行も「投資」です。第4章でお伝えしたように、旅という経験は、経営者視点を鍛えることができます。また、楽しい思い出があれば「また来よう」と、モチベーションにつながります。

他にも、私は美容サロンに行って肌のケアをしたり、ダイエットのためにパーソナルトレーニングを受けにいったりするのも好きなのですが、そのときも「何かビジネスにつなげられないかな」という視点を持っていくことで、投資に変えています。

たとえ趣味でも、そこから新しいことを知ったり経験したりしてビジネスにつなげられれば、それは投資になると考えています。

特に最近は「モノ」よりも「コト（経験）」に、お金を使うようになってきました。モノよりも目に見えない経験や人脈などの方がビジネスに活かせて、最終的に自分に残る価値になることが多いからです。

買い物がしたい、何か食べたい、どこかに行きたいなど「これは浪費？　消費？」と疑問に感じたら、一度「投資」に変えることができないか、考えてみましょう。

そして「投資」になるよう行動できるなら、むやみに「やりたいこと」をガマンしなくて済みます。

理想の暮らしのために、目的のない浪費をなくし、どんどん投資に変えていきまし

図4 すべてを投資に変えよう

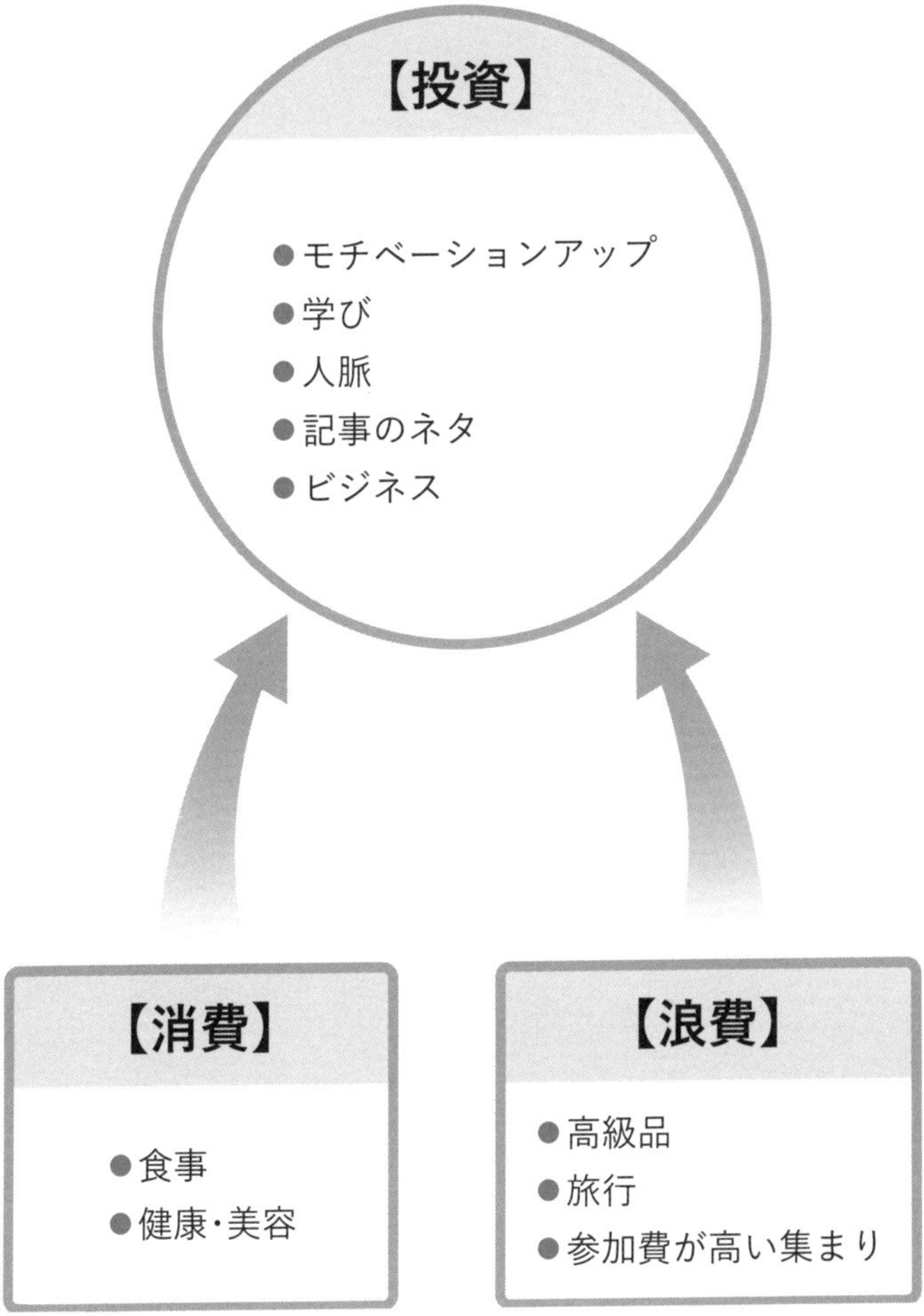

よう。

貯金はゼロでも大丈夫

私は、特に「貯金」をしていません。消費や投資をして余った分が自然に貯まるという形になっています。

毎月いくら貯金するといったルールは決めていません。定期預金などもしていないのです。マイナスにならなければ、貯金はゼロでも大丈夫だと思っています。

たくさん貯めていなくても、生涯収入がきちんと入ってくるように、スキルや経験を身につけていれば良いのです。それよりも、お金を貯め込んで自己投資に使わず、ビジネスが衰退してしまう方が怖いと思います。

一時期は投資で失敗したこともありましたが、周りで成功している人たちが積極的に投資をしている姿を見て、私も諦めずにお金の使い方を変えてきました。

自分の夢を叶えるために、もっと夢への到達スピードを上げるために投資してきたのです。そして、月収100万円、つまり手取りで月50万円くらい稼げるようになった頃、「自由になった」と感じることができるようになりました。私の人生が大きく変わった瞬間でした。

手取りで50万円くらい得られれば、一人暮らしなら自由にお金を使うことができます。自己投資も余裕を持ってできるようになるのです。月収50万円くらいのときは、好きなことよりも学びに投資した方が良いと思っていました。

人によって、必要な収入は変わってくるでしょう。自由を感じられるかどうかが大切だと思います。

貯金よりも自分への投資が大切

投資のコツとは

ここまで自己投資の大切さをお伝えしてきました。

もしかすると、「投資のポイントを知りたい！」と思う方もいるのではないでしょうか。

実は「必ずここに投資すべき」という、自己投資のルールや正解のようなものはありません。**自分のビジネスや活動に必要な「学び」は何かを考えて、そこにお金をかければ良い**のです。

たとえば、豊かな人の中には交際費が多いという人もいるようです。

パーティーや異業種交流会に行ったり、信頼できる知人からいろいろな人を紹介してもらったり。そうして、積極的に人脈を広げたり、ビジネスの幅を広げたりしているのです。

私の場合は、コンサルティングへの投資は欠かせません。少ないときでも、年に300〜400万円、多いときは1000万円払うこともあります。「そんなに!?」と驚かれる方もいらっしゃるかもしれません。

でも、インターネット業界は変化のスピードが非常に速いため、専門的な人から最新の情報を手に入れる必要があります。私はYouTubeやSNSの運営の仕方、検索キーワードや広告の配信など、そのときに重要なWEB周りのノウハウを学んだり、相談したりします。

世の中や他人の意見に惑わされず、「自分に必要だ」と思うところに、投資しましょう。

収入が増えたら、投資も増やす

「でも、自己投資に、そんなにかけても良いのかな」と思う人もいるでしょう。

もちろん、無理して身の丈に合わない投資をする必要はないと思います。ストレスになるのはよくありません。

ただ、私は、**給料の４分の１くらいは投資にかけて良い**と思っています。20万円のお給料があったら、５万円くらいでしょう。

また、６カ月以内に仕事を頑張って取り戻せるなら、知り合いから借りるなどして、思い切って大きな金額を投資しても良いと思っています。

私が起業して大きな収入を手にしたとき、頭に浮かんだのは「もっとビジネスを学びたい」という気持ちでした。より自分を高めていきたいと思ったのです。

そして、思い切って、20万円以上を学びのために使いました。初めての大きな「投資」の経験でした。

さらに、半年後に独立したときに、自分へのご褒美として、ずっと行きたかったスペイン旅行の夢を叶えました。ただこのときも、「もっとビジネスを学んで、この先の景色を見たい」という思いが強かったので、旅行で余ったお金を投資しました。

こうして、**収入アップとともに投資額も増やしていくことで、自分のレベルをどんどん上げることができた**のだと思います。

成功した人の中には、大金を手にして、欲望のままに豪遊する人もいるでしょう。でも、そういう人は、その後は事業が伸び悩んで、破産することもあるようです。なぜなら、学び続けていないからです。

私自身、会社員だった頃からは、考えられないくらい大きな収入を得るようになっても、宝飾品や車、家を買いたいという、個人的な「物欲」にお金を使おうとは思いませんでした。

そもそも、私がビジネスを始めたのは、「満員電車に乗って会社に行きたくない」「いつでも自由に旅に出たい」「ストレスのない生活をしたい」という目標のためだったというのもあります。

ただ、一番の理由は、純粋に仕事を楽しいと思えて、「もっと勉強したい。もっと質を高めたい。もっと広めたい」と思ったからです。

目先の欲しいものを買うことをゴールにせず、その先にあるワクワクする未来を得るために、投資をして学び続けることが必要なのです。

趣味からビジネスが生まれる

「趣味」というと、投資でなく浪費の一部ではないかと思うかもしれません。

でも、趣味はお金を使って楽しむだけでなく、ビジネスにつなげることもできます。つまり、立派な自己投資になるのです。**人生を豊かにしてくれる自分の趣味に、もっと目を向けてみましょう**。

私の趣味の一つに、ダイエットがあります。もともと、体に良い情報を集めて試すのが好きでした。そこで、最近はビジネスとしても始めたのです。

まず、ダイエットのオンライン授業のプロデュースをスタートしました。

最初は、副業で始めたい初心者を対象としていましたが、今はすでにダイエット系の授業をやっている方、パーソナルトレーナーの授業をやっている方向けにマーケティングやコンサルティングのアドバイスをしています。

趣味で始めたダイエットで、授業を一つ立ち上げ、どんな集客や売り上げアップの方法があるかまで、経験したことをお教えすることができるようになったのです。

塾の生徒さんたちの中にも、趣味から本格的な仕事につながった人がたくさんいます。趣味と仕事の境界が曖昧になってきているのです。

SNSで効果的に発信できるようになったことで、PRのお仕事をもらうようになった人や、趣味をSNSとつなげて仕事にした人がたくさんいます。

さらに、私は新しい趣味も、どんどん始めています。これから、マラソンに挑戦しようと思っています。

実は、学生時代はスポーツが好きでバドミントン部だったのですが、会社に入ってから、全く運動しなくなっていました。起業してからゆとりができて、久しぶりに体を動かすと、心も体もリフレッシュできることを再発見したのです。

そして、今後は学生の頃からの友人と、ハワイのホノルルハーフマラソンに出場する予定です。パーソナルトレーニングの先生にも伝えて、まずは体を軽くすべく筋トレを始めました。体脂肪率が25パーセントまで下がったら走り込みをスタートします。もちろん、トレーニングの効果やハワイのマラソン大会の様子についても、配信していこうと思います。

それから、動物も大好きです。寝る前に動物の動画を見て癒されています。公園で犬を散歩させている人に出会ったら、触らせてもらっています。

海外旅行でも、かわいい動物に会える場所を探して行きます。

台湾では、タイワンリスという、日本のリスよりもしっぽがふさふさのリスに会える公園へ行きました。オーストラリアでは、コアラを抱っこしたり、フルーツコウモリに果物を食べさせたり。今度はクオッカという、口角がキュッと上がっていて人懐っこい動物がたくさんいる島に行く予定です。

こうした動物とのふれあいは、SNSで記事として配信しています。かわいい動物の姿はInstagramのストーリーズなど、動画にするととても喜ばれます。こうして、小さな趣味もビジネスに活かしているのです。

「ただの趣味だから……」と思わずに、どんどん取り入れて、発信したりビジネスにつなげたりしていきましょう。

楽しく働くためにメンテナンスをする

パフォーマンスを上げる

毎日楽しく働くためには、体や心のメンテナンスに投資することも、とても大切です。私は30代になったこと、経営者になったこともあり、以前よりも健康への意識が高まりました。

これからは、もっと好きなことを広げていきたいので、自分の活動量やパフォーマンスを上げるために、もう少し体力が欲しいと思っています。今、仕事をしているのは1日2時間くらいですが、体力がつけば1時間にできるかもしれません。

私が**健康について一番気をつけているのは、睡眠時間**です。会社員の頃は、睡眠時

間が短かったり、いくら寝ても疲れが取れなかったり、年中体調不良でした。

今は毎日、7〜8時間たっぷり寝て、元気に過ごしています。

寝るときは、ベッドやマクラの質よりも「環境」にこだわっています。蒸気のアイマスクをつけたり、アロマ加湿器で良い香りを焚いたりしています。リラックスできるようにしているのです。

疲れたときは、寝るのが一番です。気持ちが落ち込んだら、「今日はゆっくりしよう」と決めて休むようにしています。

もちろん、外でリフレッシュすることもあります。お気に入りのマッサージやエステ、スパなどに行きます。好きな岩盤浴には、1日中いることもあります。

人生を楽しむためにも、体調やストレス管理にお金と時間をかけましょう。

食事と運動は専門家の指導を受ける

以前よりも健康に気を使うようになってから、食事や運動については、自己流ではなく、お金を出して専門家の指導を受けるようになりました。

食事については、次のようにルールを決めています。

✦炭水化物は取らない
✦油はなるべく使わない
✦朝は食べない
✦お昼は豆乳ヨーグルト
✦夜は魚と大豆製品を中心にする
✦1日4リットル以上の水を飲む
✦寝る前にハーブティーを飲む

こうして、あらかじめ食べ方を決めておくことで、献立を考えたり料理を作ったりする時間も節約できます。

もちろん、人と会うときや旅行中は、好きなものを食べて良いことにしています。いつもちゃんと制限していれば、特別なときに少し多めに食べても罪悪感が減りません。むしろ、いつもと違う食事がよりいっそう、美味しく感じられます。

運動は、パーソナルトレーニングの先生にジムで指導してもらっています。ストレッチで体の可動域を増やして代謝を上げたり、ダンベルのような器具を使って背筋を鍛えたり、女性向けのあまり激しくないトレーニングをしています。

ジムというと、週に何回も通っているように思われるかもしれませんが、私は週に1回のペースで行っています。**週1回でも、効果が出るようなメニューにしてもらい、無理のない範囲で続けられるようにしているの**です。

私の周りの豊かな人も、定期的にトレーニングやジムに通っていることが多いように思います。特に、男性は毎日ジムでトレーニングをしているようですし、女性は週1回くらいで、ホットヨガやパーソナルジムを利用している人が多いようです。

経営者こそ、体が資本なのだと思います。無理せず、自分のペースで続けられるものを見つけてください。

いろいろなネットワークを広げる

人脈を作る前に、やるべきこと

先ほど、豊かな人は交際費にお金をかけるというお話をしました。私自身、独立してから、前よりも人とのつながりの大切さを感じています。

ただ、普通の人がいきなりパーティーや異業種交流会などに参加することはあまりおすすめしません。それよりも先にやるべきことがあるのです。

私自身、起業するとき、特にすごい人脈があったわけではありません。人脈も何もない状態から副業をスタートし、起業後1年くらいで、ビジネスパートナーとして一緒に仕事を手伝ってくれる生徒さんが増えてきて……。

そんなふうに仕事を通じて少しずつ出会いが広がり、いろいろな人と知り合うようになりました。人脈というものは、作りにいくというよりも、後からついてくるものなのです。

やみくもにいろいろな人に会いにいくよりも、まずは自己投資をして、自分のスキルを高めることの方が大切です。そうして得たスキルや情報を周りの人たちに惜しまず共有することで、良い人たちに恵まれていきます。

ただ、「積極的にいろいろなコミュニティに参加していくことで、人脈を一気に広げられるのでは?」と思う人もいるかもしれません。

でも、何のスキルや情報を持たずに豊かな人が集まるコミュニティに入ったとしても、受け取るばかりになって何も返すことができない場合が多いのです。

自分にとっては「良い人脈」でも、相手も同じように感じているとは限りません。そうなると、良いお付き合いを長く続けることができない可能性があります。

私も初めは教わることの方が多かったと思います。

でも、学びや仕事に熱心に取り組むうちに、今では周りの人に仕入れた情報やマーケティングなどの自分のスキルで恩返しができるようになりました。今は出会った人と、お互いにウィンウィンの関係が築けるという自信があります。

まずは自分のスキルを上げて、人に与えられるようになること。そうすることで、良い人脈が広がっていきます。

発信すると「新しい人」に出会える

ただ、スキルを身につけるのは時間がかかります。その間にできることはないのでしょうか?

実は、スキルを完璧に身につけないと人脈ができないわけではありません。自己投資をして学んだことや経験したことをＳＮＳなどで共有すると、自然と人脈は広がっていきます。

受け身にならずに、先に自分から情報を与えると、どんどん人が集まってきます。

さらに、自分のスキルを高めて情報の質を上げると、もっと豊かな人たちとつながることができます。

また、発信する情報の幅を広げることで、新しい人がついてきます。

私がアフィリエイトなどのビジネスを始めたばかりの頃は、同じようにインターネットで仕事をしている人とのつながりが多くありました。

でも、自分の好きな、健康や美容系の情報を発信することが多くなると、本業とは異なる業種の方々と知り合う機会が増えたのです。そして、知らなかったことを教えてもらえるだけでなく、今までとは全く違う、思いがけないビジネスチャンスが生まれました。

今は、会社で働いていた頃と違い、いろいろな業界や業種の方と出会うことができて、毎日新鮮で楽しく仕事ができています。

自分から、「こんなことをやっている」「こんなことが好き」「こんなことを始めた」と発信して伝え続けていくだけで、新しい人の輪が自然と広がっていくのです。

「豊かな人」は、人とのつながりで仕事をする

こうして、豊かな人や成功している人たちの多くは、人との出会いをきっかけにし

て、お仕事やキャリアをステップアップさせています。

毎日必死で営業をかけるというより、もともと人とのつながりができているから、自然と新しいお仕事につながっているという気がします。また、何人かで集まって資金を出し合い新規事業を始めるといった、ジョイントベンチャーのような形で事業を拡大している人も多いようです。

では、豊かな人はどのように人とのつながりを作っているのでしょうか？　実は、豊かな人はそれぞれ自分とつながりのある人を紹介し合い、仕事をしているのです。

「人の紹介」と聞くと、「変な人だったらどうしよう」と不安に思う人もいるかもしれません。でも、私はむしろ紹介してもらった人との方が、安心して仕事ができると思っています。

なぜなら、一度でもちゃんと仕事をしてくれない人を紹介してしまったら、相手から信用されなくなってしまうからです。豊かな人は「この人は信用できる」という人だけを、周りの人にも紹介しています。

私自身も、一緒にお仕事をして「良かった」と思う人を、周りの仕事仲間とつなげるようにしています。

ＷＥＢのランディングページを作ってくれる人、デザイナーさん、ライターさん、動画の制作者さん、コンサルタントさんなど、今まで一緒にお仕事をしてくれた大切な人たちです。

こうして、関わったすべての人にとって良いご縁になるように、心がけています。良い出会いは独り占めせずに、どんどん周りの人へ広げていきましょう。

「自分サイズ」の幸せにお金をかける

本当に結婚したい？

幸せのカタチは人によってそれぞれです。

「温かい家庭で子どもを大切に育てたい」「仕事をバリバリこなせるカッコイイ女を目指したい」「子育ても仕事もムリせず自分のペースでやりたい」。

どれも素敵な夢だと思います。

ただ、誰かが作った固定概念に縛られている人もいるのではないでしょうか。

実は私も、会社員だった頃は「女性としての幸せ」について、いろいろな思い込みをしていて、それらにガチガチに縛られていました。

結婚するなら、同じくらいの年齢の人で、誰もが知っている有名な大企業に勤めていて、年収は600万円以上で、資格も学歴もあって、身長が高くて……。このように、相手の人に多くのものを求めていました。

でも、ビジネスを始めて自分で稼げるようになると、相手の条件を気にしなくなりました。以前の私は、結婚してからも働こうとは思っていたものの、どこかで「いざとなったら養ってくれる人じゃないと……」と、相手に依存していたのでしょう。

今は、自分の仕事に誇りを持って働いている人なら、特にハイスペックでなくても良いかなと思っています。

それに、**「恋愛は女性にとって、人生で必ずなければいけないものでもない」**と考えています。

恋愛していないと良いビジネスができないということはないのです。私の周りには「おひとり様」でも、人生を楽しんでいる人がたくさんいます。むしろ、人によっては、恋愛の状況によって気持ちの浮き沈みが出て、ビジネスに悪い影響が出ることもあります。

他の人がどう思うかよりも、自分がどうしたいかで、恋愛や結婚に対するスタンスを決めましょう。そこに、どれくらいのお金や時間を投資しても良いのです。

もし、本気で結婚したいなら「結婚」を人生の目標に組み込んで、具体的にアクションを起こした方が良いと思います。私の周りで、しっかりビジネスをしながら結婚もしている人は、ちゃんと自分なりのプランを持っています。「30歳くらいまでに結婚して、35歳までに子どもが2人いて……」というように、ちゃんと目標を定めて、そこに向かって具体的に行動しているのです。

私自身、今はやりたいことの方を優先していくつもりです。

一緒にいて居心地がよく、お互いの仕事を理解し合い、精神的にも自立した関係を築ける人がいたら、恋愛や結婚という選択肢があっても良いかなと思います。どちらにせよ、自分の気持ちに正直でいるつもりです。

「おひとり様だとだめなのかな？　婚活した方が良いのかな？」と、何となく不安を抱えているなら、なぜ結婚したいのか、やりたいことは本当に結婚なのか、立ち止まって考えてみてください。

オフの時間を楽しむ

私は、いつもオンオフしっかりメリハリをつけて働くようにしています。オンのときは、しっかり集中して働く。オフのときは、プライベートを満喫するということを心がけています。

スケジュールは自分で決めているので、カレンダー通りに働いたり休んだりはしていません。旅行の間だけは完全オフの日になります。ただ、それ以外は1日2時間だけですが、週7日で働いています。

ただ、オンオフが混同しがちな働き方だからこそ、必ず一人になる時間を作っています。**週に1日は、人と会う予定などがない「スケジュールのない日」を作るようにしている**のです。

そうしてできた一人の時間には、大好きなハワイアンカフェに行ってパンケーキを食べたりタピオカを飲んだり、自由に過ごしています。ウクレレの音楽がかかっていると、リラックスできるのです。

お気に入りのお店だけでなく、新しいお店に行くのが好きなので、ネットで探しては並んで待つこともあります。

収入が増えても、思いっきりお金を使って派手に遊ぶというより、こうした小さな幸せを満喫する時間を大切にするようにしています。

みなさんも、今から自分なりのオンオフの時間を作って、好きなことを楽しんでください。

「キレイ」にお金をかけたって良い

私は肌の調子が悪くなりやすいので、会社員時代から、美容にはお金をかけています。1カ月に10万円くらいはかけていると思います。

以前は、美容グッズを購入して家でメンテナンスすることが多かったのですが、今は、美容皮膚科に行ってケアをしています。

「かけ過ぎじゃない?」と思われるかもしれませんね。でも、**逆に、私は家や車、電**

子機器などにはお金をかけないと決めています。

「成功したらタワーマンションに住む！」という人もいますが、私自身は家にそれほどこだわりがありません。大好きな海が見えるので、住まいは実家で十分だと思っています。それに、住居にお金をかけるなら、学びのためにお金を使いたいのです。

また、常に最新のスマホやパソコンを持つということもしません。「インターネット業界で仕事をしているのに意外」と思われるでしょうか。

実は、むしろ会社員時代の方が、最新機種の発売日になったらアップルストアへ行って、わざわざ並んでいました。買い替えたばかりでも、スペックがそれほど変わっていなくても「新発売」「限定品」という言葉に飛びついていたのです。

現在は、さすがに、あまり古いと仕事に支障が出るので適度に買い替えはしますが、コストを意識して選ぶようにしています。

お金をかけるところ、かけないところにメリハリをつければ、キレイになるための投資を少し多くしても良いと思います。

自分の幸せを大切にする

私は起業してから、お金も時間も働く環境も、人生ががらりと変わりました。

でも、自分の価値観はそんなに大きく変わっていません。というより、変わらないように努力してきました。

それまで自分が持っていた「普通の幸せ」という感覚を、これからも大切にしていきたいと思っていたからです。

収入が上がると、良い意味でも悪い意味でも欲がどんどん出てきます。「もっと良い家に住みたい」「もっと良い車に乗りたい」「もっと良い服が欲しい」。

それをうまく前に進むエネルギーに変換できるなら問題はないでしょう。ただ、そういった欲望は際限がなく、永遠に満たされることはありません。

収入が増えても「モノ」のためだけにお金を使っていては、幸せを感じることはできないのです。

私は会社に行かず、好きなときに旅をするストレスフリーな生活をしつつも、古くからの友人に囲まれ、実家で両親と暮らしています。

これからも、友人たちと一緒に旅行をしたり、ライブや食事に行ったりしたい。「家族と毎日一緒にご飯を食べたりおしゃべりしたり、誕生日を祝い合ったりしていきたい」と思っています。そんなときに、私は「幸せだな」と感じるからです。

「ストレスフリーで自由に生きたい」。そんな自分の幸せを大切にしながら、今の仕事を続けていきたいと思っています。

あなたにとっての「自分サイズの幸せ」は何ですか？　他の誰でもない、あなた自身の幸せのために、歩き出しましょう。

おわりに

一生楽しく暮らす準備を始めよう

本書の冒頭で、「いつもお金がない」理由を5つお伝えしました。
覚えていますか?

①無駄遣いが多い
②「お金がない」が口グセ
③お金を増やすための努力をしていない
④何だかんだ言っても、現状に満足している
⑤行動しても変わらないと諦めている

最後まで本書を読んでくださったあなたは、もう「豊かになる人」に変わり始めています。自信を持って、夢を追いかけてください。

人が死ぬ前に最も後悔し、苦しむこと。それは「理想の自分」として生きることができなかったこと、だといいます。

ある大学の研究によると、最期のときに、人は行動して失敗したことよりも、挑戦しなかったことを最も後悔するそうです。

「起業すればよかった」
「好きなことを仕事にしたかった」
「もっと遊びたかった」

人生の最期の日に、こんなふうに思うのはつらいことではないでしょうか。
「最高の人生と別れるのがさみしい！」と思うくらい、楽しく暮らしたいと思いませんか？

「人からどう思われるか」など気にしなくて良いのです。

あなたの理想を叶えるために、本書でお伝えした考え方や行動を是非実践してください。

私はストレスなく自分らしい生活を送る人が、世の中にどんどん増えていってほしいと願っています。そのために、これからも積極的に発信をして、お手伝いを続けていくつもりです。

迷ったときや本気度が下がりかけたとき、どう行動したら良いかわからなくなったときには、是非私のブログやSNSに遊びに来てくださいね。

- 無料メールマガジン http://teamayaka.com/mailmagazine/blog
- オフィシャルブログ http://teamayaka.com/
- アメーバブログ https://ameblo.jp/ayaka1s
- インスタグラム ayaka777a
- LINE公式アカウント　スマホでLINEアプリを開いていただき、「友達追加」画面より「@703bcenm（@をお忘れなく）」をID検索して、申請してください。

あなたの夢を叶える、お手伝いができたら嬉しく思います。

この本を書くにあたっては、本当に多くの方々にお世話になりました。メルマガやブログの読者の皆さん、フォロワーのみなさん。本書制作にご尽力いただきましたみなさん。家族、友人、ビジネスパートナー、私と関わってくださるすべてのみなさん。厚く御礼申し上げます。

そして最後に、この本を手に取り読んでくださったみなさん、本当にありがとうございました。

誰もがお金と時間を手に入れて、「なりたい自分」になれますように。

2020年4月　米山彩香

米山彩香（よねやま・あやか）

1987年生まれ、千葉県出身。女性起業ビジネスプロデューサー。

理系大学卒業後、大手電機メーカーに就職。会社員として働きつつ、大学院に通いながら、弁理士を目指すも挫折。その後も、転職を繰り返す。

昼休みの30分から副業を始めたところ、わずか1カ月で会社員の月収を超える。それがきっかけで会社を退職し、起業。事務所・従業員なしで、独立1年目から億単位の収益をあげる。

現在は、1日実働2時間で、ゆるく、楽しく、気ままに毎日を過ごし、好きなときに、海外旅行を楽しむ生活を送っている。

著書に『お金と時間の悩みが消えてなくなる 最高の時短』（KADOKAWA）、『やりたいことを全部やってみる』（総合法令出版）、『時間もお金も増える習慣』（廣済堂出版）などがある。

好きなことだけして一生お金に困らない
人生をストレスフリーに変える方法

2020年4月24日　初版発行

著　者　米山彩香
発行者　野村直克
発行所　総合法令出版株式会社
〒103-0001 東京都中央区日本橋小伝馬町15-18
ユニゾ小伝馬町ビル9階
電話　03-5623-5121
印刷・製本　中央精版印刷株式会社

落丁・乱丁本はお取替えいたします。

ISBN 978-4-86280-740-3
総合法令出版ホームページ　http://www.horei.com/